上海文化发展基金会图书出版专项基金资助项目

宋代古器物学笔记材料辑录

林欢／著

上海人民出版社

序一

王宇信

我国当代考古学,是近代西方考古学方法与我国传统金石学研究成果相结合而形成的中国特色的考古学,并以其不断取得的重大发现和研究进展而享誉世界。因此,作为我国当代考古学的前身——传统金石学,在考古学史上占有重要地位。

我国自古就有搜藏和研究古代金石文物的传统,特别是宋代统治阶级大力提倡经学,试图恢复礼制以巩固政权。朝廷及士大夫的热衷于礼乐器物的搜藏、整理和研究,导致宋代形成了古代文物的大发现、大搜藏和大造伪(仿)的热潮,并出版了一批古器物著录和研究专著,诸如《宣和博古图》、《金石录》等等,标志着金石学在宋代已经形成。史学大师王国维高度推崇宋代学者的研究成果,"凡传世古礼器之名,皆宋人所定也"。"知宋代古器之学,其说虽疏,其识则不可及也"。虽然不少学者对古物有深入研究,却未集成专著存世,而幸在当时盛行的著作形式——笔记中记下了他们不少的真知灼见,或有关发现、搜藏、作伪(仿)的种种闻见。因此,宋人笔记中散见的有关资料,特别是由于世事沧桑,今已毁存的笔记中记载的古代文物讯息已成为古籍中的"文化遗产",不仅是考古学史研究的重要内容,也对今天的出土的文物研究仍具有参考价值。鉴于此,前辈大师容庚曾在《宋代吉金书籍述评》中,提出应对"宋人笔记,时有及于古器者"进行整理,对那些"其于当日士大夫之崇尚,器之名称、形状、花纹、色泽之研究,及其真伪之鉴别,均有记述"以及"古器之外,砖、石、竹、木不妨兼收",作出一部宋人笔记的《宋代考古丛谈》。但自容庚前辈提出这一对当代金石学和考古学史研究深入发展有推动意义的重大课题以来,至今已七十年仍没有一部这样的著作问世。

林欢博士的《宋代古器物学笔记材料辑录》,正是容庚提出的《宋代考古丛谈》课题同类性质的著作,从这个意义上说,《宋代古器物学笔记材料辑录》填补了宋人笔记古器物搜集整理专题研究的空白。林欢对大量宋人笔记中有关古器物记述的只言片语,进行爬梳整理、分析甄选、集中归纳,以一、铜篇,二、陶篇,三、泉币篇,四、玺印篇,五、玉篇,六、竹木篇,七、石刻篇,八、墓葬遗址篇,九、仿制篇,十、杂篇等篇、章、目,把分散于宋代笔记中的金石古器物学发现和研究成果汇为一书。因而从这个意义上说,林欢的新著《宋代古器物学笔记材料辑录》,也是一部对宋人笔记真正意义的古籍整理工作。

不仅如此,林欢在"九、仿制品"及相关篇章中积累的宋代古文物辨伪知识,对今天"盛世收藏"而大量涌现的收藏家、鉴定家提高其水平也颇有启示和重要参考价值,必将获得人数颇巨的收藏鉴定界的重视并将产生巨大影响。

林欢新著收集材料全面,全书纲目清晰,文字简洁扼要,有关按语反映了当代考古学的最新研究成果,因而知识性、科学性、可读性强。本来,我当年曾建议她与时俱进,把近年的最新考古学成果再进一步补入。但遗憾的是,她在博士毕业不到一年的2003年11月就撒手人寰,英年早逝,再也来不及把这部书稿进一步充实、提高了……

林欢的过早逝世,使我失去了一位才华横溢的优秀学生。白发人送黑发人,先秦史研究的老师们和她的师兄弟、妹们都很悲痛。大家都十分怀念并喜欢她,都永远记得她在短短的学术生涯中所做出的创造性劳动和显露的聪慧。宋镇豪教授安排她参加了大型科研项目十一卷本《商代史》课题,她承担的第十卷《商代地理方国》撰写,只在电脑里留下了《商代地理论纲》这半部未完成的书稿,由她的师妹孙亚冰总其成,毅然与孙亚冰本人负责的"商代方国"部分统一为现在出版的《商代地理与方国》规格。两个人的东西融为一体,由于对一些地名和观点不尽相同(且没有来得及商量和交换意见),当比一个人按自己的思路展开还要困难得多。但孙亚冰任劳任怨,怀着对她师姐的感情,一个人出色完成她们共同承担的任务,以告慰林欢在地下的英灵!我作为老师,在这里也要为林欢感谢孙亚冰同学的无私奉献和深厚的同窗之情!

林欢让我审读的《宋代古器物学笔记材料辑录》书稿,却一直保存在我手中。睹物思人,我总想:一定要找机会把这部有价值的书稿出版,以尽我的为师之情。但时下学术著作印数少,出版社需一定的出版补贴才能不致亏损。如果林欢在世,可向历史所或社科院申请出版补贴。但她已不在人间,向单位申请出版补助肯定是师出无名……我也曾向出版界朋友多次鼓吹此书稿的价值,但朋友们却不吱声。我深知这些出版界朋友们,不会冒经济亏损的危险,出版一位学界尚未见经传的新人的作品。当然,我也不会埋怨他们,因为"经济"是实实在在的,是谁也绕不过去的"坎"呀!

但是,学生留下的这部书稿我没有能促成其出版,作为老师的我总是一块心病。在2010年我年届七十的时候,学生们要为我出版一部祝寿论文集,虽然我以"八十岁再出为好"加以推辞(但坚辞不允,后来按我的意见以《甲骨学110年:回顾与展望——王宇信教授师友国际学术研讨会论文集》为题由中国社会科学出版社出版),但心中还是为学生、朋友们总想着我而高兴和感到幸福。但与此同时,想到我的学生林欢,心中总不免感伤和惆怅,特别是为她的书稿一直没能出版……我在这部论文集的《感言与感谢》中不禁写出下面的一段话:

　　在我为师友、学生们的成长和成就而高兴的时候,但也有一点颇感遗憾和心痛,就是我的一个极聪敏、优秀并颇有发展前途的博士生林欢,天不永年,博士毕业才半年多,就在2003年11月初弃世而去。才华横溢的她,给我们留下几篇优秀论文和读硕士时按前辈学者容庚要求,整理的一部宋人笔记中的金石论述汇编。幸好她这部请我审读的书稿(尚未联系出版社)还完整地保存在我手中,而没有随她电脑中保存的资料和她写的武侠小说等讯息而消失于世。我一定会想方设法把她这部凝聚心力的作品出版,以尽我的为师之道吧!

就是这一番话,打动了上海人民出版社的负责同志和我的好友许仲毅先生、周珍女士。他们为了发展学术事业,毅然决定不要出版资助,而是他们自己在经费困难的情况下,想办法去筹集经费,以使此书出版面世……出版社的这一善举,使我十分感动和高兴!

感谢上海人民出版社对我和北京大学考古文博学院葛英会教授全力推荐此书的信任!也感谢他们多年来为抢救祖国优秀文化遗产所作出的努力和贡献!

我也衷心地感谢许仲毅先生的慧眼识珠，使这位"出师未捷"的早夭学子留下的精神遗产得到了抢救和传世。如果这部书能对中国金石学史和考古学史深入研究产生一定影响的话，首先应感谢上海人民出版社的领导和许仲毅先生、周珍女士。

看到这部书既将出版，我不仅十分感慨，同时也如释重负，从此放下了因此书未能出版的心中纠结。在这里，我还要为上海人民出版社帮助我尽了为师之道而表示再一次的感谢！

2012.6.2 于北京方庄芳古园"入簾青小庐"寓所

序二

　　源起于汉代至宋代渐成风气的古器物与古铭刻研究，即学界所谓的"金石学"，是中国近代考古学的前身。宋人笔下的金石学研究，多偏重于三代钟鼎以至战国以来历代碑碣刻铭的考释，古器物学研究尚处于开创阶段。相关研究虽在资料纂辑、纲目分类以至资料个案的考辨几个方面初具规模，保存为数不多的著录当中的则主要是分类纂辑的金石资料，大量的内容庞杂的古器物资料与研究文字，则分散在浩若烟海的宋人笔记当中。一个以综览宋代金石学整体面貌为主旨，包括理论体系、资料分类与研究成果在内的全面系统的整理工作，在现代考古学获得长足进步的今天，仍然是很有必要的。

　　中国社会科学院历史研究所林欢博士仕她年轻的生命完成的《宋代古器物学笔记材料辑录》，就是为填补这项空白而作的。这部《辑录》虽属资料性的搜集与整理工作，然而，将宋人笔记中内容杂陈的各类资料与研究心得，按照预先设定的简便实用的内容体系，条分缕析地逐项、逐条辑录其翔实资料，实非轻而易举一蹴而就的事情。关于这一点，只要对该书所制纲目略加披览就可以体会得到。正如林欢博士在该书《前言》中所说："宋代古器物著录主要集中在金石方面"，而"本书的首要目的是希望作为宋代古器物学专著的补充材料，方便有关研究者查考。"该书纲目的编制，承袭了宋人以金石为主的传统分类法，但于金石两类之外，又另辟泉货、古玺以及陶、玉、竹木诸篇，篇内按所录器物与研究内容和差异分为细目，从而使宋人古器物学笔记资料纳入系统的纲目之中，人们在检视资料时即可纲举而目张。另外，该书还兼采现代考古学研究的新视角，在归纳整理宋人古器物鉴赏成果的同时，又设置《墓葬》与《遗址》两篇,即把古器物出土甚至所属年代的相关内容列于纂辑范围之内。该书篇末还设有《仿制篇》,专门收录宋人仿造的三代秦汉器物,作为宋人古器物学研究的一个补充。

可以说,在当下学术界急功近利,浮躁学风流行的氛围中,林欢博士能心有定力、胸无旁骛,脚踏实地为学术事业勤奋工作,默默奉献的精神,实在是令人感佩不已。这部《宋代古器物学笔记资料辑录》遗稿的出版,是我们对英年早逝的林欢女士的纪念,也是我们对林欢博士治学精神由衷的嘉许。相信这部《辑录》一定会成为考古学园地上的一支新葩,在考古学史研究中大放光采。

因而在这里,我要感谢上海人民出版社的负责同志,他们对学术事业的支持,既为我们抢救了年青学子留下的有价值的文化遗产,也圆满了她的老师——王宇信教授力推此面世,所尽的为师之情!

辛卯仲春葛英会于北京大学考古与艺术博物馆。

凡例

一、凡笔记材料篇幅冗长且内容价值不高的,不全文引录,仅
　　存条目,用斜体字。

二、一般同一条材料不重复引用,如其内容重要,必须归集在
　　两个或两个以上篇章的,注明"某处重见",或"详见某处"。
　　凡题目标有"【】",则此条材料标题为原文直录;若标为
　　"〖〗",则此题为作者自拟。

三、有的著作如《东观余论》等,就其内容而言已可作为专著,
　　一般不予收录,或仅存条目。

四、文末附本书引及的宋代笔记总目。

目录

藏一镜/铜戈辩/古物数种/铜剑/古铠/刁斗镌斗/新莽威斗/服
匿、刁斗、斯罗(略)/王莽时铜枓一/方铜炉/晋冢古器/汉漏壶说/
铜虎符/铜虎符/虎符/李昭述得古铜符/铜鼓/铜鼓/铜柱/铜柱/
铜人/翁仲/铜人(略)/露盘/铜笔格

碧色大瓷器

5

前　言

　　笔记作为论著形式，出现于东汉，成熟于唐代，大盛于宋代。窃认为笔记的特性对宋代学术发展曾经起过不可忽视的作用。某些学者可能对某个问题曾有深入研究，但又没有专著传世，笔记能使他们的见解或者见闻得以保存下来，并且在当时起到互相交流的作用。但是，有一利必有一弊，当我们需要针对某一特定问题进行全面研究的时候，笔记的庞杂博大也为收集整理制造了莫大的困难。在笔记得到长足发展的同时，这个弊病也在同步发展。

　　宋代古器物学的成就世所共知，现代中国考古学就是以宋、清两代的传统古器物学为基础，引入西方考古学理论建立起来的。宋代的金石学专著，今天仍然被广泛使用。然而除此之外，大量的宋代古器物学以及古器材料散存于浩如烟海的宋代笔记中。容庚先生在《宋代吉金书籍述评》中提出，整理宋代著录古器所需要做的工作之一是整理一份《宋代考古丛谈》："宋人笔记，时有及于古器者。……其于当日士大夫之崇尚，器之名称、形状、花纹、色泽之研究，及真伪之鉴别，均有记述。即有言过其实，亦可为之考定。古器之外，砖、石、竹、木不妨兼收。"宋代笔记所保存的宋人古器物研究成果，不仅对于研究中国考古研究史具有深刻的意义，其中有些见解，即使在今天，仍具有参考价值。自一九三三年容老此文发表以来，并没有人做过这项工作。至于如《宋稗类钞·古器篇》《古今图书集成》之类的前代集录，收录既少，又没有相应的筛选标准及考正，价值不高。

　　大部分宋代所见古器，现在已经遗失或者销毁，有关资料也只能从历代著录中追溯。宋代的古器物著录主要集中在金石方面，别的器类大体只有吕大临《考古图》第八卷列举的十三件玉器,实际著录九件。本书的首要目的是希望作为宋代古器物学专著的补充材料,方便有关研究者查考。为了便于使用,本书在分类上尽量作到简便科学。主要按传统器物分类法分成铜、陶、玉、泉币、玺印、石刻各篇,篇幅长的各篇在篇下按小类分章。另设墓葬、遗址篇,仿制篇和杂篇三篇。墓葬、遗址篇收集宋代所见古墓葬及古遗址材料。宋代出于正礼乐,曾仿制大量礼器,仿制古礼器的过程其实也就是考查古礼器的过程,是以设仿制篇。其外零零散散的收在杂篇。

这里有一个古器时代标准的问题,就宋人而言,宋代以前的当然都可以算古器,本书以汉晋作为分界,晋以后的材料只选择重要的或者有特殊意义的,有选择性地收录。

为了避免成为无价值的"断烂朝报",本书将尽量吸收当代考古学理论和成就,在需要的地方加一些简短的按语。

本书的笔记材料收集的范围是《四库全书》杂部,主要在杂说、杂家两类。书末另附书目。当然,这个范围不能涵盖所有的宋代笔记,应该有为数不少的遗漏在外。另外,由于疏忽而出现的遗漏也必然存在。这都只能有待日后补缺补漏。

林　欢

1998 年

一 铜篇

本篇所占比重最大。篇下设五章：

一、总论章；

二、器类章；

三、收藏章；

四、著录章；

五、考史章。

第一章

总　论

　　【古彝器】三代彝器，其存至今者，人皆宝为奇玩。然自春秋以来，固重之矣。经传所记，取郜大鼎于宋，鲁以吴寿梦之鼎贿荀偃，晋赐子产莒之二方鼎，齐赂晋以纪甗、玉磬，徐赂齐以甲父之鼎，郑赂晋以襄钟，卫欲以文之舒鼎、定之鞶鉴纳鲁侯，乐毅为燕破齐，祭器设于宁台，大吕陈于元英，故鼎反乎磨室是已。(《容斋随笔》卷十)

　　〔按〕由于宗教和礼仪上的意义，三代彝器历来具有重要地位，周灭商则迁商鼎，春秋战国时期可以用作政治交往的工具，汉以后它又作为奇珍祥瑞被收藏。时至宋代，钟鼎彝器才真正成为研究的对象。

　　〔夏尚忠，商尚质，周尚文〕夏尚忠，商尚质，周尚文。其制器亦然。商器质素无文，周器雕篆细密，此固一定不易之论，而夏器独不然。余尝见夏雕戈，于铜上相嵌以金，其细如发。夏器大抵皆然。岁久金脱则成阴窾，以其刻画者成凹也。相嵌今俗讹为商嵌，《诗》曰："追逐其章，金玉其相。"(《洞天清录》)

　　〔按〕宋人在铜器断代上常误周器为商器，但很少误商器为周器。宋人确定商器的很多方法，在今天仍然值得借鉴。《洞天清录》收古钟鼎彝器辨共十八条，内容广博，涉及夏商周断代、古器色泽、气味、款识、铸造方法以及辨伪等方面，此为第一条。当代古器专家罗福颐先生对其的评价是："博而不约，文字空洞的多。"(《商周秦汉青铜器铭文辨伪录》，《古文字研究》第十一辑，中华书局 1985 年)

【款文】识款，篆字以纪功，所谓铭书钟鼎，款乃花纹，以阳识。古器款居外而凸，识居内而凹。夏周器有款有识，商器多无款有识。（《洞天清录》）

〖款识〗所谓款识，乃分二义。款谓阴字，是凹入者，刻画成之。识谓阳字，是挺出者。正如临之于摹，各自不同也。（《游宦纪闻》卷五）

〔按〕石刻、玺印等篇也应收入此条，但为了避免重复，只收入本篇。

〖识文〗夏用鸟迹篆，商用虫鱼篆，周用虫鱼大篆，秦用大小篆，汉以小篆隶书，三国用隶书，晋宋以来用楷书，唐用楷隶。三代用阴识，谓之偃囊字。其字凹入也。汉以来或用阳识，其字凸，间有凹者。或用刀刻如镌碑者，盖阴识难铸，阳识易为，阳识绝非三代物也。（《洞天清录》）

〔按〕铭文大致产生于二里冈时期，即商代早期，夏器基本无铭。商周铜器铭文的铸法一般是先刻出模形再翻范铸造。

【款识真伪】古人作事必精致，工人预四民之列，非若后世贱丈夫之事。故古器款必细如发，而匀整分晓，无纤毫模糊，识文笔画宛如仰瓦而不深峻，大小深浅如一，亦明净分晓，绝无纤毫模糊。此盖用铜之精者，并无砂颣，一也；良工精妙，二也；不吝工夫，非一朝夕所为，三也。今设有古器款识，稍或模糊，必是伪作，颜色臭味亦自不同。（《洞天清录》）

〔按〕有宋一代由于收藏热的兴起，作伪应运而生，而铜器辨伪之学亦由此滥觞。

【古器无识文】古人惟钟鼎祭器称功颂德，则有识；盘盂寓戒则有识。它器亦有无识者，不可遽以为非古，但辨其体质、款文、颜色、臭味，则无余蕴矣。（《洞天清录》）

〔按〕无铭铜器的断代方法，沿用至今。

〖鼎彝文〗《诗》言："不显文王。"释者谓："不显，言甚显也。"周齐侯钟款识有"不显皇祖"之语，"不"字作"帣"，始知为"丕"字，盖移下一画居上耳，与《书》言"丕显哉文王谟"同义。盖古字少，往往借用，或左右移易，或从省文，不可以一概论，当以意求。三代铭器，存者甚多，如祖作且，仲作中，伯作白，空作工；子孙字持戈者，铭武功也。又诸国字或不同，故见于鼎彝文亦皆有异。有王者作，一道德以同风俗，然后车同轨、书同文。世人但知秦以前有古篆，而不知如此多品也。（《云麓漫钞》卷一）

【钟鼎铭识】三代钟鼎彝器存于今者，其间款识，唯"眉寿万年"、"子子孙孙永宝用"之语，差可辨认，余皆茫昧不可读，谈者以为古文质朴固如此，予窃有疑焉。商、周文章，见于《诗》《书》、三《盘》五《诰》，虽诘曲聱牙，尚可精求其义，他皆坦然明白，如与人言。自武王《丹书》诸铭外，其见于经传者，如汤之盘铭曰："苟日新，日日新，又日新。"谗鼎之铭曰："昧旦丕显，后世犹怠。"正考父鼎铭曰："一命而偻，再命而伛，三命而俯，循墙而走，亦莫余敢侮。馆于是，鬻于是，以糊余口。"栗氏量铭曰："时文思索，允臻其极。嘉量既成，以观四国。永启厥后，兹器维则。"祭射侯辞曰："惟若宁侯，毋或若女不宁侯，不属于王所，故抗而射女。"卫礼至铭曰："余掖杀国子，莫余敢止。"孔悝鼎铭曰："六月丁亥，公假于太庙。公曰叔舅，乃祖庄叔，左右成公，成公乃命庄叔，随难于汉阳，即宫于宗周，奔走无射，启右献公，献公乃命成叔，纂乃祖服。乃考文叔，兴旧嗜欲，作率庆士，躬恤卫国，其勤公家，夙夜不解，民咸曰休哉！公曰叔舅，予女铭，若纂乃考服。悝拜稽首曰：对扬以辟之勤大命，施于烝彝鼎。"扶风美阳鼎铭曰："王命尸臣，官此栒邑，赐尔旂鸾，黼黻琱戈。尸臣拜手稽首曰：敢对扬天子丕显休命。"此诸铭未尝不粲然，何为传于今者，艰涩无绪乃尔。汉去周未远，武、宣以来，郡国每获一鼎，至于荐告宗庙，群臣上寿。窦宪出征，南单于遗以古鼎，容五斗，其铭曰："仲山甫鼎，其万年子子孙孙永保用。"宪乃上之，盖以其难得故也。今世去汉千年，而器宝之出不可胜计，又为不可晓已。武帝获汾阴脽上鼎，无款识，而备礼迎享，宣帝获美阳鼎，下群臣议，张敞乃以有款识之故绌之，又何也？（《容斋随笔》三笔卷第十三）

〔按〕宋人的铭文释读也经历了一个从蒙昧到渐见光明的过程。一开始，可识之字少，释读是相当困难的。从真宗时代到南宋灭亡，经过近三百年的努力，宋人在金文释读上取得了丰硕的成果，尤其难能可贵的是考释出一批铭文常用的套语，如"眉寿"、"蔑历"、"稽首"、"万年"、"对扬"等等。

〖古人祭器以竹木为之〗古人祭器，以竹木为之。《传》曰："大夫祭器不假。"《尔雅》曰："木豆谓之豆，瓦豆谓之登，旅人为筥。"《周礼》："四命受器。"郑司农云："受祭器为上大夫。"苟有功德，则又得铭其祖考之功烈，故铭款多云："敢对扬天子之丕显休命。"所谓"铭施于鼎彝"者是也。三代鼎匜有存至今，皆大夫以上得受器者之所为。《宣和博古图》遂以聂崇义竹木之说为非，抑不思耳。（《云麓漫钞》卷六）

〖今士大夫间论古器以极薄为真〗今士大夫间论古器，以极薄为真，此盖一偏之见也。亦有极薄者，有极厚者，但观制作色泽，自可见也。亦有数百年前，句容所铸，其艺亦精，今铸不及。必竟黑而燥。须自然古色，方为其古也。（《游宦纪闻》卷五）

〔按〕现代考古发现证明，在青铜器时代的早期，由于技术不高，器壁一般比较厚，后来开始大批量地铸造铜器，一方面技术有了提高，另一方面为了节省铜料，器壁一般较薄。当然这些都不是绝对的，各个时期都有一定的风格和喜好。以厚薄作为真假古器的标准并不科学。由此亦可见，以《游宦纪闻》的著者为代表的一部分宋代铜器鉴赏家已达到极高的水平。

【句容器】句容器非古物，盖唐天宝间至南唐后主时于升州句容县置官场以铸之，故其上多有监官花押。其轻薄、漆黑、款细，虽可爱，然要非古器。岁久亦有微青色者，世所见天宝时大凤环瓶，此极品也。（《洞天清录》）

〖腊茶色〗腊茶色亦有差别。三代及秦、汉间器，流传士间，岁月寝久，其色微黄而润泽。（《游宦纪闻》卷五）

〔按〕铜器的色泽和金属配剂成分含量有关。

【铜色本黄】铜色本黄，古钟鼎彝器大抵皆黄铜耳。今人得之地中者，岁久色变，理自应耳。今郊庙所制，乃以药熏染令苍黑，此何理也？（《老学庵笔记》卷四）

〔按〕一种误解。古铜器不呈纯黄色，不单纯是时代久远、饱经腐蚀的缘故，还因为它本来就不是纯铜。古铜器普遍使用锡铅铜，即青铜。青铜比纯铜熔点低，硬度高。纯自然铜（红铜，或者称黄铜）是有的，但是在自然界中并不多见，而且质地软，容易变形，熔点又高，一般不用纯铜作器。

【铜色】铜器入土千年，纯青如铺翠。其色子后稍淡，午后乘阴气，翠润欲滴。间有土蚀处，或穿或剥，并如蜗篆自然。或有斧凿痕，则伪也。铜器坠水千年，则纯绿色而莹如玉。未及千年，绿而不莹，其蚀处如前。今人皆以此二品体轻者为古，不知器大而厚者，铜性卒未尽，其重止能减三分之一，或减半。器小而薄者，铜性为水土蒸淘易尽，至有锄击破处，并不见铜色，惟翠绿彻骨。或其中有一线红色如丹，然尚有铜声。传世古，则不曾入水，惟流传人间，色紫褐而有朱砂斑，甚者其斑凸起，如上等辰砂。入釜以沸汤煮之，良久，斑愈见。伪者以漆调朱为之，易辨也。（《洞天清录》）

〔按〕其具体的鉴别标准不完全正确，因为出土铜器的色泽和铜器本身的原料配剂、埋藏时间以及出土环境均有关系。但是，以铜器的色泽和腐蚀情况作为鉴定标准，并对出世古和传世古区别对待，可以说代表了一次重大的进步。《洞天清录》是我国第一部有关铜器辨伪的著作。

【铜腥三等】古铜并无腥气，惟上古新出土，尚带土气，久则否。若伪作者，热摩手心以擦之，铜腥触鼻可畏。（《洞天清录》）

【临、摹、硬黄、响搨】辨博书画古器，前辈盖尝著书矣。其间有论议而未详明者,如临、摹、硬黄、响榻是。四者各有其说。今人皆谓临、摹为一体,殊不知临之于摹,迥然不同。临谓置纸在傍,观其大小、浓淡、形势而学之,若临渊之临。摹谓以薄纸覆上,随其曲折宛转用笔曰"摹"。硬黄谓置纸热熨斗上,以黄蜡涂匀,俨如枕角,毫厘必见。响榻谓以纸覆其上,就明窗牖间,映光摹之。(《游宦纪闻》卷五)

〔辨古器〕辨古器则有所谓款识,腊茶色、朱砂斑、真青绿、井口之类,方为真古。其制作则有云纹、雷纹、山纹、轻重雷纹、垂花雷纹、鳞纹、细纹、粟纹、蝉纹、黄目、飞廉、饕餮、蛟螭、虬龙、麟凤、熊虎、龟蛇、鹿马、象鸾、夔牺、蜼余季切鼃、双鱼、蟠虺、如意、圜络、盘云、百乳、鹦耳、贯耳、偃耳、直耳、附耳、挟耳、兽耳、虎耳、兽足、夔足、百兽、三螭、縶草、瑞草、篆带若蚪结之势、星带四旁饰以星象、辅乳钟名,用以节乐者、碎乳钟名,大乳三十六外,复有小乳周之、立夔、双夔之类。凡古器制度,一有合此,则以名之,如云雷钟、鹿马洗、鹦耳壶之类是也。如有款识,则以款识名,如周叔液鼎、齐侯钟之类是也。(《游宦纪闻》卷五)

〔按〕在现代考古学产生之前,铭文、花纹、形制加上色泽的综合研究可以说是铜器鉴定所能达到的最高水平。

〔古器之名〕古器之名,则有钟大曰"特",中曰"镈",小曰"编"、鼎、尊、罍、彝、舟类洗而有耳、卣音酉,又音由。中尊器也。有攀、盖、足。壶、瓶、爵、斗有耳,有流,有足。流即觜也、卮、觯之豉反。酒觞也、角类彝而无柱、杯、敦、簠其形方、簋类鼎而矮,盖有四足、豆、甒牛偃切。无底甑也、锭徒经切,又都定切、斝、觚、鬲形制同鼎。《汉书》谓空足曰"鬲"、镂方宥切。《玉篇》云:"似釜而大,其实类小瓮而有环。"、盉户戈切,又胡卧切。成五味之器也,似鼎而有盖,有觜,有执攀、壶其类有四:曰"圆"、曰"扁"、曰"方"、曰"温"、盍于含切。覆盖也,似洗而腰大,有足,有提攀、瓿蒲后切。类壶而矮、铺类豆。铺陈荐献之义、甗类釜、鉴盛冰器。上方如斗镂,底作风窗,下设盘以盛之、匜弋支切。沃盥器、盘、洗、盆、铏呼玄切。类洗。《玉篇》云:"小盆也。"、杅、磬、镎、铎、钲类钟而矮、铙、戚、镦饰物柄者、奁、鉴即镜、节钺、戈矛、盾、弩机、表、坐旗、铃、刀笔、杖头、蹲龙宫庙乘舆之饰。或云:"栏、楯间物。"、鸠车儿戏之具、提梁、龟蛇、砚滴、车辂、托辕之属。此其大概,难以尽备,然知此者,亦思过半矣。(《游宦纪闻》卷五)

〔按〕宋代铜器定名的原则是有自铭的根据自铭，没有自铭的按文献定名，其较大的错误是误簋为敦，误敦为彝。

【黄彝、飞廉、樽彝、瑶瓮、玉律、蒲谷璧】礼书所载黄彝，乃画人目为饰，谓之"黄目"。予游关中，得古铜黄彝，殊不然。其刻画甚繁，大体似"缪篆"，又如阑楯间所画回波曲水之文，中间有二目，如大弹丸，突起煌煌然，所谓"黄目"也。视其文，仿佛有牙角口吻之象。或谓"黄目"乃自是一物。又予昔年在姑熟王敦城下土中得一铜钲，刻其底曰："诸葛士全茖鸣钲。""茖"即古"落"字也。此"部落"之"落"。士全，部将名。其钲中间铸一物，有角，羊头，其身亦有篆文，如今时术士所画符。傍有两字，乃大篆"飞廉"字。篆文亦古怪。则钲间所图，盖"飞廉"也。飞廉，神兽之名。淮南转运使韩持正亦有一钲，所图飞廉，及篆字，与此亦同。以此验之，则"黄目"疑亦是一物，"飞廉"之类，其形状如字非字，如画非画，恐古人别有深理。大抵先王之器，皆不苟为。昔夏后铸鼎，以知神奸，殆亦此类。恨未能深究其理，必有所谓。或曰：《礼图》樽彝皆以木为之，未闻用铜者。"此亦未可质。如今人得古铜樽者极多，安得言无？如《礼图》瓮以瓦为之，《左传》却有"瑶瓮"；律以竹为之，晋时舜祠下乃发得"玉律"，此亦无常法。如"蒲谷璧"，《礼图》悉作草稼之象，今世人发古冢，得蒲璧，乃刻文蓬蓬如蒲花敷时，谷璧如粟粒耳。则《礼图》亦未可为据。（《梦溪笔谈》卷十九）

〔按〕《礼图》指宋初聂崇义《三礼图》。以出土实物分别与《梦溪笔谈》以及《三礼图》进行对比，很显然《笔谈》关于"黄彝"、"谷璧"、"蒲璧"纹样的说法较妥当，《三礼图》则乖谬不堪。此外，《笔谈》对"瓮"和"律"的质地提出的疑问也相当精辟，传世或者考古出土的铜瓮数量很多，而"律"的实物虽然相当少，但也并不仅限于"竹律"一种。

【蜡模】古者铸器，必然用蜡为模如此器样，又加款识刻画毕然后，以小桶加大而略宽入模于桶中，其桶底之缝微，令有丝线漏处，以澄泥和水如薄糜，日一浇之，候干再浇，必令周足遮护讫，解桶缚，去桶板，急以细黄土多用盐并纸筋固济于元澄泥之外，更加黄土二寸留窍中，以铜汁泻入，然一铸未必成此，所以为之贵也。（《洞天清录》）

〔按〕这一段文字的重要性在于它是现存有关失蜡法工艺流程的最早记录。失蜡法的具体铸造过程是先将黄蜡融化制成蜡模，用细泥浆浇淋，并涂上耐火材料，做成铸形，加热后蜡融化流出，然后浇注铜浆。作为铸造工艺，失蜡法起于何时是目前尚未解决的问题。至今为止发现的最早的一批失蜡青铜铸件是 1978 年在湖北省随县擂鼓墩曾侯乙墓出土的尊和盘。

【追蠡】禹之声尚文王之声以追蠡，赵岐注："以追为钟钮。"于义未安。追者，琢也，《诗》云，"追琢其章"。今画家滴粉令凸起，犹谓之追粉。所谓追蠡，盖古铜器款文追起处漫灭也。赵氏释蠡为绝，亦非绝。盖剥蚀也，今人亦以器物用久而剥蚀者为蠡。（《洞天清录》）

【古铜瓶钵养花果】古铜器入土年久受土气深，以之养花花色鲜明，如枝头开速而谢迟，或谢则就瓶结实。若水锈、传世古则尔，陶器入土千年亦然。（《洞天清录》）

第二章

器　类

〖鬲〗古鼎中有三足皆空,中可容物者,所谓"鬲"也。煎和之法,常欲淯在下,体在上,则易熟而不偏烂,及升鼎,则浊滓皆归足中。《鼎卦》初六:"鼎颠趾,利出否。"谓浊恶下,须先泻而虚之。九二阳爻,方为鼎实。今京师大屠善熟彘者,钩悬而煮,不使著釜底,亦古人遗意也。又古铜香炉多镂其底,先实火于炉中,乃以灰覆其上,火盛则难灭而持久。又防罐热灼席,则为盘荐水,以渐其趾,且以承火炧之坠。其他古器,率有曲意,脱而形制文画大概多同,盖有所传授,各守师法,后人莫敢辄改。今之众学人人皆出己意,奇衺浅陋,弃古自用,不止器械而已。(《梦溪笔谈》补笔谈卷二)

〔按〕当代著名学者张光直的一段话可以为这段记述加一个注脚:"陶器和青铜器不但是研究古代技术与年代的工具,同时更是饮食器具。固然有些是仪式用器,但是它们在仪式上的作用是建筑在它们在饮食上的用途上的。总而言之,要研究青铜器和陶器,我们就得研究古代中国的饮食习惯,而在这方面的研究上,器物本身就是有用的资料。"(《中国青铜器》之《中国古代的饮食与饮食具》,三联书店 1983 年版)

〖商甗内有款〗商甗内有款,归之张与可。……(《云烟过眼录》卷一)

〖敦二〗敦二,皆有款识,大小亦相似,亦秦汉物。……(《云烟过眼录》卷二)

〖两耳彝炉〗两耳彝炉,下连方座,四周皆作双牛,文藻并起,朱绿交错。

叶森按,此制非名彝炉,当是敦也。(《云烟过眼录》卷一)

〔按〕显然是方足簠。

【商素敦说】按古敦之存于今者,若周宰辟父敦、散季敦、牧敦、哉敦、虢姜敦之属,率皆有款识,言时称伐比它器为详,大底皆周器也。此敦中无款识,外无文镂,质古不华,疑若商器然。又诸敦之有铭者,往往皆宗器也,此既无铭,岂非燕飨所用,与周大方鼎同义乎?其制为两蜼首以吞吐,双耳下有两珥承之,犹其尾然。盖若宗彝之章,以智为义,《传》曰:"知人者智,夫智足以灼见俊心而知之,故得忠臣嘉宾而飨之,然后得尽其心而成其礼。"然则燕飨之敦,设饰以蜼,其意或寓于斯。(《东观余论》卷上)

〔按〕此器有可能是簠,宋人在定名上常误簠为敦。

【周素盒汉小盒说】按《说文》曰:"盒,覆盖也。"盖盛潃饭之器,加盖以密之,其盖可却以分食,若鼎敦之会。然观晚周之器,有邛仲孙伯戈之馈盒,与此前二盒形制略同,然彼有盖,文镂繁缛;此亡其盖而复无文,亦周物也。后一小盒虽有文镂而无古韵,盖汉世所为。(《东观余论》卷上)

【钴镆】《宜都山水记》:"很山溪有釜滩,其石大者如釜,小者如钴镆。"柳子厚《钴镆潭记》"镆"字,字书无之。《集韵》:锄、钴,并音胡,黍稷器。夏曰瑚,商曰琏,周曰簠簋。又,镆,音满补反。钴镆,温器。言潭石如此大小尔。(《西溪丛语》卷下)

【商狸首豆说】按古宝器之有豆,往往小殊而大同,若姬奂母豆则镂以山云,疑生豆则承以四拱,蠢足豆之制有会可仰,祖癸豆之像其足无趺。此豆之足殊类祖癸,虽冶铸非精而模矩质素,盖商代所作云。其侧兽面若狸首者,案《射义》:"诸侯以狸首为节。"狸首之诗逸矣,其义弗可知。然即名以求其义,盖取所田之物为名。狸,兽之小者,言小兽则大兽可知。故国君用射于田,以所获禽一为乾豆,盖以祀事为先。此豆饰以狸首,义或出此,其庙享之器欤?(《东观余论》卷上)

【周螭足豆说】按此豆体中素质无文，与姬窦母无异，然器之足篆以盘螭，是亦周器也。其盖则可覆可仰可用以食。古之簠簋鼎敦之盖亦如之，其名曰会，《特牲馈食礼》曰“佐食启会，却于豆南”，此谓佐食者取会却置而奠之，以待尸入而食也。《公食大夫礼》曰“宾卒食会饭”，此谓取饭于敦，仰会而食，置其余以待馂也。豆虽以盛菹醢，其食也亦仰会取而哜焉。非特于义为安，盖亦适于用。（《东观余论》卷上）

【弡仲匿辨】刘原父弡仲匿，铭以隶写之，云：“弡仲作宝簠择之金鏖锐鏖鑪其繧其玄其黄用盛诸旇糕米用飨大正音王置䍃具召饲弡仲受无疆福必共餐饲具䜌弡仲眉寿。”所谓镳鑪即《广雅》所载，此二字乃赵生所释，予亦然之。然赵初不知《广雅》有此语，及观之，弥可信也。弡音其勿反；糕侧角反，早取谷也；䍃徒兮反；飤音祀。弡字原父误释为张字，遂以为张仲之器，欧公从而文之以数百言。盖失之矣。古器中又有弡伯敦，岂仲之兄乎？（《东观余论》卷上）

〖长安一巨冢坏，得古铜鼎〗长安一巨冢坏，得古铜鼎，状方而四足，古文一十六字，人莫之晓。命句中正辨其篆，曰：“此鸟迹文也。其词曰：‘天王迁洛，岐、酆锡公。秦之幽宫，鼎藏于中。’”命杜镐考其事，曰：“武王克殷，都于酆、镐，以雍州为王畿。及平王东迁洛邑，以岐、酆之地赐秦襄公。篆曰‘岐、酆锡公’，必秦襄之墓也。”后耕人果得折丰碑，刻云“秦襄公墓”。中正有字学，篆、隶、行、草尽精，与徐铉校定《说文》，又同吴杨文举撰《雍熙广韵》，遂值史馆，篆太宗神主，藏太室西壁，及篆谥宝，遂赐金紫。益州华阳人也。（《玉壶清话》卷一）

〔按〕此事在北宋真宗年间，宋人考正铜器铭文始于此。

【鼎大小】予犹及见汉馆陶侯鼎，可容今之斗，则三代可知矣。然近世所存古鼎，或有容一升半升者，考其款识则真古器也，亦谓之鼎。鼎乃大烹之器，岂尔耶？此盖古之祭器名从彝，曰从则其品不一，盖以贮已熟之物，以祭宗庙。象鼎之器形，而实非鼎也。犹今人食器亦有象铫釜者，凡曰鬲、曰匜、曰甗、曰尊，其形甚小者，故小尊或曰宝尊彝。（《洞天清录》）

〔按〕可能是春秋中后期开始出现的列鼎中的小者。

〖辇酌宫鼎〗宇文伯脩有一古鼎，款识"辇酌宫"。（《月河所闻集》）

【宇文伯脩古鼎】宇文伯脩有一古鼎，款识云："辇酌宫"。（《西溪丛语》卷下）

〖※且※小鼎〗小鼎一，内有款曰※且※，文藻甚佳，其色青绿。……（《云烟过眼录》卷一）

〖※冏※鼎〗※冏※鼎，元张称孙家物。杭之常卖驵人沈大整者。和庵得之以为奇货。既而董瓒者，所谓顽石董，酬以重价。以大铜器数件，共准二十五定，得之。既而归之乔仲山运副。闻将转之显官云。其制即局炉三足两耳者。其花饕餮及圆雷文。亦局制无异，特青绿自内出，外裹以茶褐衣。亦一尤物也。内有上三字款云。然其样则不古也。庚寅八月二十六日，余因周氏借观之。□□参政以二十二定，得之。（《志雅堂杂钞》卷上）

〖圆铜鼎〗圆铜鼎一，文藻极佳，内有款，云瞿父癸鼎。……（《云烟过眼录》卷三）

【周史伯硕父鼎说】右二器形制款识皆同而文字刓缺，以二鼎参读而互辨之，可识者四十有三字，不可见五字而已。按史伯周宣王臣，硕父其字也。郑桓公为周司徒，问王室于史伯，史伯具以诸国及晋楚所以兴对，《春秋外传》是之，而《汉书·古今人表》于历王宣王时皆书史伯，疑非二人，盖羡文耳。此二鼎铭文著史伯硕父所以作鼎曰："朕皇考厘仲王母舟母尊鼎。"而周器之拓文有曰："史颖作朕皇考厘仲王母舟母尊鼎。"款识字画大致皆同，则知颖者盖硕父之名，三鼎之文互相见耳。考之经传，周有史佚、卫有史鰌、晋有史赵，率以官为氏，故硕父之名与字皆冠以史。曰伯者盖五十所加，犹伯阳父仲山父之类是也。又幽王之臣有虢石父，而晋有伯石，于硕父亦近之，然虢石父虢公也，未尝为史，而晋之伯石乃杨食我耳，非天子之命卿，弗可称伐于鼎。是知史伯硕父非此二人也。古文周与舟同，史伯周臣，故称其王母曰周母，犹周之姜、妊、大姒号曰周室三母,亦以国著也。以斯铭考之,厘仲者,史伯之皇考。而周母,其王母也。今先厘仲而后周母,则厘仲实王父耳,下言王母则上为王父可知,故但曰皇考。铭之首曰:"惟六年八月初吉己子。"以己配子,则于十日刚柔疑若弗类。然三代鼎彝铭刻若此者甚多有之,兄癸彝文曰"丁子",周戠敦文曰"乙子",今此鼎文曰"己子"是也。或曰戊与己同类,古尚未分,则所谓己子乃戊子也。或曰易之五位相得而各有合以配十日,若甲与己合,古亦未分,则所谓己子乃甲子也。丁子、乙子意亦如之。其说未知孰是。铭之卒章曰:"用蕲绰绾眉寿。"晋姜鼎铭亦有此语,盖祈天永命,俾弗中绝,故曰"绾",垂裕后昆,俾昌而大,故曰"绰",与"万年子孙永宝"同意,皆善祷之辞也。鼎唇之文镂为龙与饕餮之象,而腹皆作龙鳞,与周宎父鼎颇相类,皆合而成体,散而成章之义,所谓龙文之鼎盖取诸此。(《东观余论》卷上)

【周举鼎说】案𦥔古文举字也,三代彝器有此文者颇多,如爵有己举,卣有丁举之类是也。戴记晋杜蒉洗爵扬觯以规平公,时人因谓之杜举,盖爵觯之属可举以献酬之器,故或目以举。今此鼎亦铭以"举",而但一字,又非可举以献酬之器,则此所谓举乃人名也,与杜举、己举异矣。以载籍考之,宋之僖公名举,楚有大夫伍举,下蔡有史举,燕有唐举。虽皆周人,然史举贱而为监门,唐举微而为相者,又皆周末人,而此鼎乃非晚周之器。今验其铭款,若非宋僖公举,则伍举也。僖公,微子之后,与周始终;伍举,庄共之大夫,为周闻臣,宜其制作传永而不亡。然《传》以诸侯言时计功、大夫称伐为铭之法,而此鼎特著名而不纪绩,亦犹公非之鼎弟铭以非,公孙虿之鼎弟铭以虿,亦一字耳。(《东观余论》卷上)

【周宋公鼎说】有盖铭六字,按此鼎铭曰:"宋公䜌之䤸鼎。"䜌者,宋景公也。以《史记·年表》考之则名头曼,以《汉书·古今人表》考之则名兜栾,独汲冢师春书宋之世次曰景公䜌者昭公子,与此铭合,当以䜌为正,然头曼兜栾音读相混,《汉书》稍近之,第不知何据而云兜栾。或景公初二名,而后一之,若汉昭帝初名弗陵,而后但弗。此鼎与宋君夫人之䤸钘鼎字画体一,而钘鼎之盖文镂繁缛,此鼎则朴素无华,岂当时以是别君与夫人之器邪?以文字稽之乃一时物也。至于周䜌女及敔䜌亦人名,第字画意象视䤸鼎为古,则敔䜌与䜌女之

器,疑非景公作,盖前此别自有一蠻耳。(《东观余论》卷上)

【周方鼎说】按古宝器鼎之方者多矣,以其铭款考之,鲁公文王方鼎则谓之尊彝,单子方鼎则谓之从彝,王伯方鼎则谓之宝齍,惟陀员庚申方鼎乃谓之鼎。然则诸器制度大概相类,以其可尊而为法故曰"尊彝",以其陪贰而非正故曰"从彝",以其或用于齐盛若九嫔之赞玉齍故曰"宝齍",其实皆鼎也。故郑公孙侨辨黄熊之梦晋平公赐以莒之二方鼎亦止谓之鼎。今此二器制度与诸方鼎同,盖周器也,故目之以周方鼎。其大也,几可以函牺牛之全体。其文镂也淳美而不太华,其中也略无款刻,盖用于王之燕飨而已,与铭祖考之功而为祀器,著自作之时而为养器异矣。他器无款刻者,殆此类也。此鼎腹之四周皆饰以乳,其数比他器为多,盖亦推己以致养之义。夫天地养万物,圣人养贤以及万民,先王宴飨以厚群臣,以仁嘉宾,亦以养之也。《易·鼎》之《象》曰:"圣人亨以享上帝,而大亨以养圣贤。"此鼎形特大而乳极多,盖大亨以养圣贤之意,得不为燕飨器乎? 鼎之四足皆衔以羊体,所谓羊鼎也。又养于文从羊,庠也美也,亦如之皆有致养充实之义。此饰以羊,意亦寓此。鼎之唇缘,其文镂也,合则为饕餮,以著贪暴之戒,散则为应龙,以见居上泽物之功。凡龙之有翼曰"应龙",此器之龙如之。至于足之中空,上彻于底而无碍,则以澄肉汨之滓浊,兼取其易饪耳。三代制器其寓于理也详,其适于用也周。故曰百工之事,皆圣人之作也,不然何以底此?(《东观余论》卷上)

〖金丝商嵌小鼎〗金丝商嵌小鼎,元贾氏物,文极细,后并高丽商嵌归之吴存斋。(《云烟过眼录》卷三)

〖癸字鼎〗癸字鼎,初出萧山张称孙,其制三足两耳,其花饕餮图雷文麓细花相间,俨然一局炉耳。特青绿自内出,外则裹之以褐色莹光可爱。内有三字款文,伏自※。然其样则不古也。(《云烟过眼录》卷三)

〖绍兴初,有献鼎于行都〗绍兴初,有献鼎于行都,上赐白金三千两,赐三茅观。高一尺三寸有咫,两耳旁出,三足与首皆类牛,腹外周纹如篆籀,腹内篆铭曰："维甲午八月丙寅帝若稽古肇宋鼎审厥象作牛鼎格于太室从用享亿万宁神休惟帝时宝万世其永赖。"乃宋孝武孝建元年八月二日肇作以享太室者，二十九年常州澄清观。……（《随隐漫录》卷五）

〔按〕南朝器，作于公元 454 年。

汉甘露鼎(略)(《纬略》卷十二)

〔按〕据陈直《古器物文字丛考》(《考古》1963 年第二期)一文，甘露三年工匠王意造一百一十六件铜鼎。

【聚香鼎】毗陵士大夫有仕成都者，九日药市，见一铜鼎，已破缺，旁一人赞取之。既得，叩何所用，曰："归以数炉爇香环此鼎，香皆聚于中。"试之果然，乃名"聚香鼎"。初不知何代物而致此异。（《清波杂志》卷十二）

〖襄阳府光化县村人耕穴得一器类鼎而有盖〗宣和中，予于唐州外氏吴家时。襄阳府光化县村人耕穴一冢，得一器。类鼎而有盖。盖及鼎腹皆雷纹，中有虬形。两耳为饕餮，足为蚩尤。制作甚精。一足微蚀损，尚可立也。表舅唐恕端仲，数千得之，以与舅氏顺图好古博雅，乃以归之。而强名曰虬鼎，且作歌以纪之。予得熟观之焉。予以为古之鼎鼐皆无盖，而足皆圆直，无作兽形者。此乃敦耳。端仲以为其腹高如鼎，而敦乃形匾，故名之为鼎。其饕餮蚩尤，与李伯时《古器图》所画小敦耳足正同。但小敦耳之两兽间、开口有饰玉处。古之玉敦，多如此也。而此器乃无饰玉之状，复无款识耳。又按《吕氏春秋》云："周鼎饕餮，有首无身。食人未咽，害及其身。"此盖周器也。古器多饕餮蚩尤者，深戒于贪暴也。两舅皆以予言为然，乃只名曰虬敦。极宝惜之。时京西漕时道陈，闻有此器，讽太守王珏来取之。舅氏秘而不出。后复欲自携往京师，并关中侯金印，献之上方。未几而偾扰。外氏避地湘潭。平时玩好书画宝玉，悉为贼有。不知此器存亡何所，惜哉！（《墨庄漫录》卷七）

〖鼎文有上下画一而中重三者〗许枢密崧老，尝记黄秘书辩博之说云："昔长睿父博学好古，颇得三代之遗器。其鼎文有上下画一而中重三者，长睿父识之曰：'此争首也。盖著饮食有讼之成。'然则八十一首与《周易》准，其已久矣。"以世南之见，其器必后汉时物。盖八十一首作于子云，何缘三代时已有争首。（《游宦纪闻》卷九）

〔**商卦象卣**〕杨子云《太玄》，其卦有作 ⋔ 者，今观商卦象卣所刻，器作 ☰，盖作 ☰，一象天，一象地，一象人，其说已见于商。子云多识先秦古书，《太玄》之学，必有自来。（《云麓漫钞》卷三）

〔按〕张政烺先生曾著文论证（《试释周初青铜器铭文中的易卦》，《考古学报》1980 年第四期）。但都是数字卦，与此类型不同。第四版《金文篇》附录 607 作 ䷀（曩文，美二八三），与此相似。

【**商著尊说**】按两器皆皇祐中得之，是时阮逸、胡瑗等议以谓此器有脰无足，据有脰则可名壶尊，著地无足则可名著尊，是时逸与瑗未能定其主名。今按凡以尊名者未尝无脰，则脰不足以别尊之名，而足之有无乃可为异。此器既无足自可谓之著尊，不必因其有脰而以壶尊致疑也。鼎之无足者曰著鼎，义亦如此。《礼·明堂位》："商尊曰著。"今观内府古器中有周之著尊，文饰华巧，脰作夔龙蟠屈之势，腹著云雷回旋之状，而足皆著地，盖因于商礼而加文耳。今此二尊形模古质殊无虫镂，第以兽饰腹，以双耳挟肩，比周物为朴，正商代之著尊也。腹之兽首若傅翼而飞举然，观古宝器有为蚩尤之象者，皆为飞兽而傅以肉翅，昔人著其状于彝器者，以示贪虣之戒，此尊之饰盖蚩尤也。（《东观余论》卷上）

【**牺尊象尊**】《周礼·司尊彝》："裸用鸡彝、鸟彝，其朝献用两献尊，其再献用两象尊。"汉儒注曰："鸡彝、鸟彝，谓刻而画之为鸡、凤凰之形。献读为牺，牺尊饰以翡翠，象尊以象凤凰。或曰：以象骨饰尊。"又云："献音娑，有婆娑之义。"惟王肃云："牺、象二尊，并全牛、象之形，而凿背为尊。"陆德明释《周礼》献尊之献，音素何反。而于左氏《传》"牺象不出门"，释牺为许宜反，又素何反。予按今世所存故物，《宣和博古图》所写，牺尊纯为牛形，象尊纯为象形，而尊在背，正合王肃之说。然则牺字只当读如本音，郑司农诸人所云，殊与古制不类。则知目所未睹而臆为之说者，何止此哉！又今所用爵，除太常礼器之外，郡县至以木刻一雀，别置杯于背以承酒，不复有两柱、三足、只耳、侈口之状，向在福州见之，尤为可笑也。（《容斋随笔》三笔卷十三）（重见于仿制篇）

〔按〕《周礼·春官·司尊彝》有六尊六彝。象形尊即鸟兽尊，作走兽形者称牺尊。

〖商尊〗商尊，内久矣，其质如漆，红黄绿之色皆具，文藻绝妙，尤物也。叶森登公门屡见之。又有一尊恐是汉物。（《云烟过眼录》卷二）

〖召公尊〗召公尊，其盖细花款文极精妙，尊腹五指称文中有疑数十字，真三代之奇物也。《博古图》有之。俗名掏捏尊。后以开元宫遗火失其物。（《云烟过眼录》卷三）

〖召公尊〗董宸斋得一小尊，上有五指痕。盖出蜡时所印者。盖并尊中有小字款，数十字皆古甚。尝于《博古图》考之，名周召公尊。真三代器也。（《志雅堂杂钞》卷上）

【尊】尊字乃古之酒尊字，《周礼》"司尊彝"，《礼记》"有虞氏之尊"，"夏后氏之尊"，"商尊"，"周尊"之类是也。又有罇樽二字，古文所不载，当是后人所增。……（《学林》卷十）

〔按〕"樽"另有其物，是盛行于汉晋的容酒器，旧误称为奁。"罇"同"樽"。

〖方壶一〗方壶一，遍身皆硃砂斑，色红如血点。又碧圆壶，亦佳玩，杨中斋勤有堂故物。（《云烟过眼录》卷一）

〖细文大壶〗……又细文大壶，颈有雕戈、一月字。（《云烟过眼录》卷一）

〔蛟脚大圆壶〕……蛟脚大圆壶，可受五斗米，满身蛟螭文。（《云烟过眼录》卷三）

【汉小方壶说】按《燕礼》："司官尊于东楹之西，两方壶。"今此壶形制绝小，非所以尊于阶楹。铜薄而弗精，非三代上齐之品，与武安侯钫相类，盖汉世物也。钫即方壶之别名。海上之山亦谓之方壶，其象如此。古之为器必具方圜，壶之有方壶，犹鼎之有方鼎，盖备乾坤之象，辨君臣之义。故说者谓燕礼之方壶，为卿大夫而设，以臣道直方义。盖地道也，臣道也，举一器可以兼之，宜其用于燕礼。（《东观余论》卷上）

【汉象形壶说】按壶之象如瓜壶之壶，豳诗所谓"八月断壶"，盖瓜壶也。上古之时，洼尊而抔饮，蒉桴而土鼓，因壶以为壶。后世弥文，或陶或铸，皆取象焉。然形模大致近之，不必全体若真物也。今此壶形羡若真壶然，殆汉世取象太巧故尔。（《东观余论》卷上）

〔按〕这是瓠形壶。究其本源，壶乃是先民受到瓠瓜形状的启发而仿制的生活用品。"陶匏"的使用历史可以追溯到新石器时代，裴李岗文化、仰韶文化、磁山文化等遗址都有它的踪影。而铜质瓠形壶则从商代直至汉代都是铜壶的主要形制之一，不过其具体形制也在不断地发展变化。到了秦汉时期，它的主要器形已经发展为细长颈、鼓腹，口部为直口或者蒜头形，底部有平底或者圈足两种。同时期也有一种特殊的壶形，整个器形就像一整个的葫芦，上述象形壶定为汉世应该是正确的。

〔壶〕《诗》"齿如瓠犀"，又曰"八月断壶"，《鲁语》曰："吾岂匏瓜也哉！"今人不知别，或呼为壶卢，或呼为瓢，或呼为匾蒲。按《古今注》："匏，瓠也。壶卢，瓢之无柄者。瓢有柄者曰悬瓠，可为笙，曲沃者良。至秋乃可用，漆其里。"上古土尊瓦瓿，《诗》曰："酌之用匏。"《礼》："陶匏祀天。"《周礼》："朝践用两壶尊。"则知古以壶为酒器。周用铜，谓之壶尊，亚于尊彝，有方、圆之别；周又有瓠壶，形长一尺二寸六分,阔五寸,口径一寸,两鼻有提梁,取便于用。挈壶氏掌挈壶,然致挈者,非有环梁不可。益知长者为瓠,在夏中则可食,至秋坚实,乃为器。《诗名物解》云:"瓢与瓠一物,甘者名瓢,苦者名瓠。瓠以器言也。瓢亦名壶。齐鲁间,长者为瓢,团者为胡卢。"今人又有"匾蒲"之名,匾蒲即"壶"之反切也。形长嫩而可食为瓠,经霜万里坚者谓之瓢,圆或匾为胡卢,其间盖有苦者,初不以此别也。匏又八音之一云。(《云麓漫钞》卷二)

〔按〕铜瓠壶并不是周代才出现的,瓠壶在商代就是铜壶的主要类型,商代铜壶主要还有长项圆体提梁壶、细长项圆腹壶、扁壶。西周时代壶是酒器中的大类,类型上也多了方壶、圆壶。上文谓周壶分方圆是对的。宋代的古墓发掘基本上在无政府状态下由民间进行,绝大多数出土情况不明。在这样的条件下,研究文献材料是古物学的基本渠道,通过这条道路,宋人在古物学上做出了很大的成绩。对于陶质、铜质"匏壶"的使用时代,《云麓漫钞》主要就是根据文献材料来推论的。其结论大体上正确。不过,通过现代科学发掘我们知道陶质、铜质"匏壶"的使用时代并没有清楚的承接关系。曾凡先生《关于"陶匏壶"问题》(1990年《考古》第九期)一文指出:"商周时代由于青铜器的发达,贵族多使用青铜器为随葬品,但在这些随葬品中,未见有铜匏出土,仅在西周的一些墓葬中,有少量的'陶匏'。……到了东周时期,则有所不同,青铜制的'匏形壶'则偶有发现。但较多的还是'陶匏'。"

〔匏〕《古今注》:"匏,瓠也。"《诗》曰:"酌之用匏。"《周礼》"陶匏祀天",又云"朝践用两壶尊",故周有瓠壶,形长 尺二寸六分,径一寸,两鼻,有提梁,取便于用。余尝见一瓠壶,形制甚古,岂果周器也?……(《密斋笔记》卷四)

〔按〕瓠壶出现极早,使用的时代相当长。不过它在礼器中并不属于高贵的器类。商周贵族墓中很少见到瓠壶。

〔觚棱〕今之阙角谓之觚棱,盖取其有四棱也。仆友柴慎微云:觚,酒器也,可容二升,腹与足皆有四棱,汉宫阙取其制,以为角隅安兽处也,故曰"上觚

棱而栖金爵",爵、觚皆酒器名,其腹之四棱削之可以为圆,故《汉书》曰"破觚为圆"。(《嬾真子》卷四)

〔按〕觚不必都有棱,也有无棱的。

〖觚棱〗……觚又为酒器,其容二升,盖亦酒器之有方角之形者也。献以爵而酬以觚,《语》曰"觚哉,觚哉"之类是也。所谓觚棱者,屋角瓦脊成方角棱瓣之形,故谓之觚棱。班固《西都赋》曰:"设璧门之凤阙,上觚棱而栖金爵。"……(《学林》卷五)

【商山觚圜觚说】按《礼》"爵一升,觚二升",此三觚容受宜其比爵为多,山觚之胝饰以四山,下为觚棱。圜者,但觚而已。昔人所谓破觚为圜,故或棱或否具此二者,不独棱者谓之觚也。此器用以酬酢,故胝足之间可握可拱,盖臣拜君酢跽而受之,端而饮,仰而奠于地,复拜与圭勿曰相为用自与至用川本去上七字故其为拱握之制,而其腰间有穿若交午然,盖奉执之际贯之以组,以防坠失,与圭之必、璧之好同义,亦于宴饮之间象君臣之志通而无沉湎之失也。三觚制作合度而鲜文饰,盖商器耳。(《东观余论》卷上)

〖一铜器如壶〗宣和三年二月,新郑门官夫淘沟,从助产朱婆婆墙外沟底得一铜器,如壶,两旁有环,腹上有线,其色翡翠间之以绿。……(《枫窗小牍》卷下)

〖爵〗《说文》:"饮器象爵者,取其鸣节节足足也。"宋《符瑞志》:"凤凰其鸣,雄曰节节,雌曰足足。"然则爵即凤凰欤?(《困学纪闻》卷八)

〔按〕马承源先生云:"东周后期陶爵似杯形,有一曲平形执鋬,其前饰有一鸟,此或即《说文》……之说的由来。器见《辉县发掘报告》图版柒拾陆3之'陶鸟彝',器形同于西周白公父爵,但白公父爵并没有雀形为饰,传世东周青铜器中爵亦个别有作此形状者。《说文》所解释之爵,或兼括早晚形式,字形有早期象形的迹象,而解释为雀之鸣节节足足,乃取东周饰雀的饮器。"(《中国青铜器》第二章,上海古籍出版社1988年版)

〔爵〕……古饮器自有爵,真为爵形,刘杳谓古尊彝皆刻木为鸟兽,凿顶及背以出酒者,即其制也。本朝李公麟得古爵,陆佃绘之礼象,图其形,有味有足有尾,但不为背,而尽洼虚其中以受酒醴,盖通身全是一爵也。惟右偏著耳以便执持如屈卮然,乃始是饮器制度。苏文忠之诗有状胡穆铜器者曰:"只耳兽啮环,长唇鹅擘喙,三趾下锐春蒲薄,两柱高张秋茵细。君看翻覆俯仰间,覆成三角翻两髻。古书虽满腹,苟有用我亦随世。嗟君一见呼作鼎,才注升合已漂逝。不如学鸱夷,尽日盛酒真良计。"文忠不正命其器以为爵,而徇穆之所名,姑以为鼎,然味其所咏形模大小,以较礼象,则与李公麟古爵正同。古爵雀字通,绍兴间,奉常铸爵,正作雀形,如《礼图》所绘,知其有所本也。则夫以爵为觞,而命之羽觞,正指实矣。孟康释班赋亦曰:"羽觞作生爵形,有头尾羽翼。"师古曰:"孟说是也。"第其制随事取便,铸铜为之则可坚久,于祭宴为宜。若以流泛,即刻木为之,可饮可浮,皆通便矣。(《演繁露》卷十四)

〔按〕爵字参见上节按语。羽觞是指耳杯,战国晚期出现。汉代耳杯多为漆制,但也有其他质地的,"随事取便",或铜或木,所言甚当。

【周云雷斝说】 按《礼》爵夏以琖,商以斝,周以爵,三器之名虽殊,其实皆爵也,以其三足象戈故曰琖,以其两柱文以禾稼故曰斝,以其形若飞爵然故曰爵。形若爵者,取其犹爵集以春夏,仁且有礼也。柱以禾稼者,取其饮以养阳而资于尊,所以上之也。戈其足者,所以示饮之戒伤,斯为下矣。斝之制与爵同,但多无味尾,此为小异耳,其义则一也。此斝腹柱皆饰以云雷,柱则略为禾稼,腹则杂以饕餮。饕餮之为物,食人未尽还啮其躯,又其目在腋下,《山经》所谓狍鸮者,故多以饰器之腋腹,象其本形,示为食戒,而杜预谓贪财为饕,贪食为餮。以此器观之,则是象非特为财与食之戒,亦以儆彝酒也。后一器文镂差简,然皆周器。周具三代礼,所以兼用商爵。(《东观余论》卷上)

【周一柱爵说】 案古爵皆设两柱用以反坫则相承而安。此前二爵制皆一柱,覆则欹倒,岂以一于饮而不知节,则有颠隮之患,用为彝酒之戒欤?亦犹欹器以覆戒满之义也。四器皆无铭款。其一腹篆隐起为饕餮云雷之象,文镂深明,盖周人所作。其一差简于前,亦同时也。后两柱爵朴素无文,然亦周器,第

非燕享所用耳。(《东观余论》卷上)

〖礼书言罍画云雷之象〗礼书言罍画云雷之象,然莫知雷作何状。今祭器中画雷有作鬼神伐鼓之象,此甚不经。予尝得一古铜罍,环其腹皆有画。正如人间屋梁所画曲水,细观之,乃是云雷相间为饰。如⌒者,古云字也,象云气之形。如◎者,雷字也。古文◎为雷,象回旋之声。其铜罍之饰,皆⌒◎相间,乃所谓云雷之象也。今《汉书》"罍"字作䍇。盖古人以此饰罍,后世自失传耳。(《梦溪笔谈》卷第十九)

【汉螭文瓺说】按《说文》:"瓺,瓶也,大口而卑用以食。"此器如之。刘歆戏杨雄有覆瓺之语,虽属善谑,然当时覆此器必以巾幂之属,为无盖故也。今此器但可出纳而无盖,又设饰纤巧,颇乏古象,正汉世物也。(《东观余论》卷上)

〖三雅〗阆州有三雅池,潘远《纪闻》云古有修此池者,得三铜器,状如酒杯,各有二篆曰伯雅、曰仲雅、曰季雅。或谓刘表一子好酒,尝制三爵,大曰伯雅,受一斗;次曰仲雅,受七升;小曰季雅,受五升。赵德麟云恐是盛酒器,非饮器也。余以问曾存之,存之言古人躯干大,升合小。王仲弓《伤寒证治论》"汤剂"注云,古方三两当今一两,三升当今一升。然则存之之言信矣,余按《广韵》盉字注云:"酒器。"盉雅同音,则盉字盖借用,三雅乃酒杯也,无可疑者。(《耆旧续闻》卷四)

〔按〕阆州在今四川阆中具。

【三雅乃酒器】阆州《稗海》本,中有三雅池,出潘远《纪闻谭》,云昔有人修此池,得三铜器,状如杯盏写本,盂,上各有二篆字,一云"伯雅",二云"仲雅",三云"季雅"。不知所由。乃名此池为三雅池。余尝览魏文《典论》云:"灵帝末,斗酒值万钱诸本俱作'金',今从写本。刘表一子,好饮,乃制三爵。大曰'伯雅',次曰'仲雅',小曰'季雅'。"今三雅池所得乃刘氏酒器也。(《侯鲭录》卷一)

〖杯一〗……又杯一,天禄衔杯。……(《云烟过眼录》卷二)

〖**编钟、磬**〗今人呼路岐乐人为散乐。按《周礼》："掌教散乐。"释云："散乐，野人为乐之善者。"以其不在官之员内，谓之散乐。古之礼乐，与野人尚有可仿佛者。今之响铁即编钟，今之舞蛮牌即古武舞，舞三台与调笑即古文舞，盖古舞皆有行缀。自胡舞入中国，《大曲》《柘枝》之类是也，古舞亡矣。今反以三台为简澹。古以钟鼓为乐，凡乐先击钟，继之鼓。孟子曰："百姓闻王钟鼓之声。"今但用鼓，是以杖鼓易编钟矣。钟声和缓，鼓声急逼。磬则人皆不识，盖释氏击铜钵号曰磬。尝见碑本，宣尼十哲有持钵者，是误认为磬也。（《云麓漫钞》卷十二）

〔按〕响铁不见得是编钟，但是从民俗出发考正礼乐文物制度则无疑是一建树。

【**古錞于**】《周礼》："鼓人掌教六鼓四金之音声，以节声乐。"四金者，錞、镯、铙、铎也。"以金錞和鼓。"郑氏注云："錞，錞于也，圜如碓头，大上小下，乐作鸣之，与鼓相和"。贾公彦疏云："錞于之名，出于汉之大予乐官"。南齐始兴王鉴为益州刺史，广汉什邡民段祚以錞于献鉴。古礼器也。高三尺六寸六分，围二尺四寸，圆如筒，铜色黑如漆，甚薄，上有铜马，以绳县马，令去地尺余，灌之以水，又以器盛水于下，以芒茎当心跪注錞于，以手振芒，则其声如雷，清响良久乃绝，古所以节乐也。周斛斯徵精《三礼》，为太常卿。自魏孝武西迁，雅乐废缺，乐有錞于者，近代绝无此器，或有自蜀得之，皆莫之识。徵曰："此錞于也。"众弗之信，遂依干宝《周礼注》以芒筒拊之，其声极清，乃取以合乐焉。《宣和博古图说》云："其制中虚，椎首而杀其下。"王黼亦引段祚所献为证云："今乐府金錞，就击于地，灌水之制，不复考矣。"是时，有虎龙錞一，山纹錞一，圜花錞一，絷马錞一，龟鱼錞一，鱼錞二，风錞一，虎錞七。其最大者重五十一斤，小者七斤。（《容斋随笔》续笔卷十一）

〔按〕錞于是打击乐器，马承源《中国青铜器》（上海古籍出版社1988年第一版）："《周礼·地官·鼓人》：'以金錞和鼓。'……这个说法是正确的。云南晋宁石寨山滇族祭祀贮贝器上群像中有錞于和铜鼓悬于同一笋簴上，一人执捶而鼓，正是与鼓相和之形"。灌水之说恐怕是误传。南齐所获錞于，据所记尺寸和"圆如筒"看来是形制比例比较高、壁较直，又云马纽，应是东汉时器。錞于主要分布在长江流域以及西南、华南一带，广汉什邡正处西南，东汉以美信县改什邡县，治所在今四川什邡县，南朝齐改名什方县，北周闵帝改方亭县，武帝废，唐武德三年复置。

【古錞于】淳熙十四年，澧州慈利县周赧王墓旁五里山摧，盖古冢也，其中藏器物甚多。予甥余玠宰是邑，得一錞，高一尺三寸，上径长九寸五分，阔八寸，下口长径五寸八分，阔五寸，虎纽高一寸二分，阔寸一分，并尾长五寸五分，重十三斤。绍熙三年，予仲子签书峡州判官，于长杨县又得其一，甚长，高二尺，上径长一尺六分，阔一尺四寸二分，下口长径九寸五分，阔八寸，虎钮高二寸五分，足阔三寸四分，并尾长一尺，重三十五斤。皆虎錞也。予家蓄古彝百种，此遂为之冠。小錞无损缺，扣之，其声清越以长。大者破处五寸许，声不能浑全，然亦可考击也。后复得一枚，与大者无小异，自峡来，置诸箬笼中，取者不谨，断其钮，匠以药焊而栅之，遂两两相对。若《三礼图》、《景祐大乐图》所画，形制皆非。《东坡志林》记始兴王鉴一节，云："记者能道其尺寸之详如此，而拙于遣词，使古器形制不可复得其仿佛，甚可恨也。"正为此云。（《容斋随笔》续笔卷十一）（墓葬、遗址篇重见）

〔按〕隋开皇十八年置慈利县，治所在今湖南慈利县西，錞于主要分布于长江流域以及华南、西南一带，上言第一件錞于出土地正属该区域。三件錞于按尺寸比例看来形制是比较矮短的，虎纽，属于典型的战国晚期器。此文描述详尽而不繁琐，尽可能地把出土地、形制、尺寸交代清楚了，使我们今天仍可根据文字记载判断这三件古器的大致年代。另一方面，上文反映了宋人已意识到保存古器物形制材料的重要性，并进一步注意到描述文字是否精当、详尽等。今天尚存世的大量古代古器物材料，可说得益于宋人可贵的意识。

〔錞于〕《周礼》有金錞。《国语》有錞于丁宁。萧齐始兴王鉴尝得之。高三尺六寸六分，围二尺四寸。圆如筒，铜色黑如漆。上有铜马。以绳悬马，令出地尺余。灌之以水，又以器盛水于下。以芒茎当心跪注錞于，清响如雷，良久乃

已。记者能道其尺寸之详如此,而拙于遣词,使古器形制不可复得其仿佛。甚可恨也。(《东坡志林》卷二)

【汉金錞说】案《周官》:"鼓人以金錞和鼓。"说者以谓其形圜如碓首,上大下小,今此器制度如此。一名淳于,《南史》称齐始兴王鉴为益州刺史,有以淳于献者,高三尺六寸六分,围三尺四寸,圜如筒,色如㯉,甚薄,上有铜马,以绳系马去地尺余,灌之以水,又以器盛水于下,以芒茎当心跪注淳于,则声如雷,清响良久,古所以节乐也。今此器上有蹲兽,可系以绠,与《南史》之说同。但錞首巨而圜,下乃寝小,非若筒也。及春之于地,则声自上发,回旋锄磕于錞之首,磅礴不散,甚大而宏,亦若雷然。清响良久,不必注以水而振以芒也。此器本六,长短相第。其三已归内府。制作尤工,皆周器也。今此三器,其一有汉泉文,盖汉器耳。周錞之系兽,邛首卷尾,为蜼之状。蜼,智兽也。智于方属北,阴阳相辨之时也。王安石以錞于文从金从享,谓阴与阳和而享,故曰和鼓,以义考之,和则可否相济,辨而和,和而享,阴阳辨于北之时,如之则宜和鼓之器饰以智物。是器也,秘阁旧籍目之为钟,初未知其为錞。臣等受诏,汇分而物辨之,稽经而合,庶可备采择之一焉。(《东观余论》卷上)

〔按〕錞于始于春秋期间,"周器"云云误矣。南齐所获的錞于,所言"如筒"应该是形容其壁较直,体较高,上下大小差异不明显。

〖古钲〗昔有于王敦城下得一古钲,中间铸一物如羊头,其身如篆文,乃飞廉也。(《续博物志》卷五)

〖古铎〗太常音律官出琼家,庭中尝有光怪,掘地得古铎三枚,一黄钟,一中吕,一土死无声,又一玉管,较长于古玉管,盖汉晋间物也,其年遂迁职。(《枫窗小牍》卷上)(玉篇重见)

【宋颛钟说】右宋颛钟六,其铭款曰:"宋公成之颛钟",崇宁三年甲申岁南都之崇福院,寻贡之内府。考其文则宋钟,原其出则宋地也。圣诏有曰"得英颛之器于受命之邦",即此钟也。是时帝作大晟,即取以为钟法。谨案《乐纬·叶图徵》曰："帝颛乐曰六茎。"宋均注曰："能为五行之道立根茎也。""莖"即古文"茎"。繇帝颛而后，历帝喾、唐、虞、夏、商以及于周，六茎之制其传可谓远矣。然周备六代之乐，《云门》《咸池》《韶》《夏》《濩》《武》皆存，特五英、六茎无之。惟宋，商之后，故宋公犹得其传。"成"者，平公名也。宋自微子启二十六世而至平公，其名始见于鲁昭公之十年，《春秋》书曰"宋公成"，与此钟铭合。而其立也，以周简王之十年乙酉岁距皇朝崇宁三年甲申凡一千六百八十年。而茎之器出于受命之邦，适丁圣上骏惠先烈登崇耆英制作之盛际也。大晟既成，神人以和，治音洋洋，际天蟠地，岂特为五行之道立根茎哉？且茎钟虽铸自宋公，而实帝颛之乐，今也地不爱其宝，为时而出，盖以昭圣上盛德茂功比隆五帝，夏商以还，弗足俪也。又古钟之得于今者，惟周为众，其制类多上设衡甬，旁傅旋虫。或内实而侧垂之，或仰通而中贯之，率皆振掉弗安。惟茎钟也，双螭蹲踞以为平纽，大晟之钟实取则焉。故其垂之也正，其鼓之也和，而为振掉弗安之患。此其制作所以过于三代也，非五帝之乐何以及此？（《东观余论》卷上）

【周宝和钟说】右二钟铭皆曰："走作朕皇祖文考宝和钟。走其万年子子孙孙永宝用享"。按《尔雅》："唐虞曰载，夏曰岁，商曰祀，周曰年。"此铭考之祝以万年，盖周器也。走之名于经传无见，盖昔人自以称谓，犹孤、寡、不谷、臣、仆、愚、鄙，皆谦损之辞。故司马迁自称曰"太史公牛马走"，班固自称曰"走"，亦不任厕技于彼列，说者谓以犹今自称下走之类，此器所谓"走"者如此。然则"走"之号非独始于汉，盖亦上矣。此铭上言"走"，下言"朕"，与《左氏》所谓"吾祖也，我知之"同意。其曰"皇祖文考"者，按《左氏》卫庄公之祷曰"敢昭告皇祖文王、烈祖康叔、文祖襄公"，此所谓"皇祖文考"者，亦犹卫侯所谓"皇祖文王"也。"走"者，周之宗室，亦文王后，故称文王曰"皇祖"。昔武王伐商以造周，尝称文王曰"文考"，至其子孙，距文王远矣，犹曰"考"者，盖推本而言之。至若虡之文考尊、师瘨之文考彝、戠之文考敦，但曰"文考"而不曰"皇祖"，其皆周初之器乎？与此钟异矣。是钟于于鼓之间饰以双凤，侧著一字亦象凤形，若周鸟钟之制。昔周之兴也，鸑鷟鸣于岐山，盖在周文王之世。而《君奭》有曰"我则鸣鸟不闻"，孔子亦思凤鸟之至，皆有怀于文王。鸑鷟，凤类也。二钟之饰，其鸑鷟欤？所谓作宝和钟者，按《国语》泠州鸠之论钟曰："大昭、小鸣，和之道也。和平则久,久固则纯,纯鸣则终,终复作乐,所以成政也。故秦铭勋钟名曰昭和钟。"而此名曰"宝和钟",意盖若此。文王以徽柔懿恭之德脩和有夏后世于礼乐声容之间,皆象其德,故相礼于清庙则曰肃雝,作乐于钟则谓之宝和。和平则久,克成厥政,宜子子孙孙宝用以传永也。(《东观余论》卷上)

【周云雷钟说】 按此钟形制与诸云雷钟同,特於于鼓之侧别饰以一云一雷,亦犹周凤钟鸟钟於于鼓之侧特为一凤一鸟以代铭款。则知是钟盖周器也。雷动而风行,所以鼓万物;云族而雨流,所以泽万物。先王作乐,崇德感人心,而天下和平,鼓而泽之,莫大于是。故云雷之象,不特识于鼎彝,以设义于饮食之间,而作乐之意盖亦有寓乎此者。(《东观余论》卷上)

〖以金镎和鼓,以金镯节鼓,以金铙止鼓,以金铎通鼓〗《周礼》:"以金镎和鼓,以金镯节鼓,以金铙止鼓,以金铎通鼓。"大司马之职:"王执路鼓,诸侯执贲鼓,军将执晋鼓,师帅执提,旅帅执鼙,卒长执铙,两司马执铎,公司马执镯。"鼙所以令鼓也,铎所以作众,镯所以行众,铙所以止众,镎所以和鼓。今之罗,即古之铙,而所谓铎、镯、镎,不复见,金声紊矣。以意求之,官府夜提铃,即铎以作众,舟车鸣罗,即镯以行众。释氏击小铜铮,即镎和鼓之余意。(《云麓漫钞》卷二)

〖铜匜〗予于关中得一铜匜,其背有刻文二十字,曰:"律人衡兰注水匜,容一升,始建国元年一月癸卯造。"皆小篆,律人当是官名,《王莽传》中不载。(《梦溪笔谈》卷第十九)

〖监水匜〗铜器中最佳者,莫如监水匜,文藻精妙,色如绿玉,第无款耳。三代之器,都无款,归之张与可。(《云烟过眼录》卷一)

【古器不知名】 余姚一达官家有古铜盆,大如火炉,而周回有十二环。婺州马铺岭人家掘得古铜盆而两环在腹下足之上。此二器文字所不载,或以环低者为古䤩器。(《洞天清录》)

〚后汉郭先生碑与古镜铭〛《春秋》："星陨如雨。"释者曰："如,而也。"欧阳公《集古录》载后汉郭先生碑云："其长也,宽舒如好施,是以宗族归怀。"东坡得古镜,背有铭云："汉有善铜,出白杨,取为镜,清如明。"皆训"如"为"而"也。（《鹤林玉露》甲编,卷一）（石篇重见）

〔按〕据《仇池笔记》,东坡所获古镜镜铭字不作"如",乃作"而"。宋曾慥《类说》引《仇池笔记》,亦作"而"。《仇池笔记》旧题东坡所作。《四库提要》："旧本题宋苏轼撰,疑好事者集其杂帖为之,未必出轼之手著。"按汉镜多用"而"字,甚至有通篇用"而"的,俗称"而字镜",东坡所藏古镜为汉左龙右虎对称式镜,铭实作"清而明",为汉镜铭常语。另有一汉镜铭作"清如明"者,可作"如"字训"而"之确证。

〚过古黄州,获一镜〛元丰中,余自齐安过古黄州,获一镜,其背铭云："汉有善铜,出白阳,取为镜,清而明。"左龙右虎辅之,其字如菽,大篆款甚精妙。白阳,疑白水之阳也。其铜黑色如漆,照人微小,古镜皆然,此道家聚形之法也。（《仇池笔记》卷上）

〔按〕此镜是左龙右虎对称式汉镜。出土铜镜的色泽和出土地的环境很有关系。上述铜镜黑色如漆,则是俗称所谓"黑漆古",它和其他碧玉色、水银色等出土古镜的各种色泽,都是镜体镀锡表层,在不同的自然环境下,经过自然腐蚀后的结果。南方出土的铜镜,往往是"黑漆古"。苏轼此镜在古黄州得到,很可能是在相当于现在湖北湖南一带地区出土的。

〚古人铸鉴,鉴大则平,鉴小则凸〛古人铸鉴,鉴大则平,鉴小则凸。凡鉴洼则照人面大,凸则照人面小。小鉴不能全现人面,故令微凸,收人面令小,则鉴虽小而能全纳人面。仍复量鉴之小大,增损高下,常令人面与鉴大小相若。此工之巧智,后人不能造。比得古鉴,皆刮磨令平。此师旷所以伤知音也。（《梦溪笔谈》卷第十九）

〚透光鉴〛世有透光鉴,鉴背有铭文,凡二十字,字极古,莫能读,以鉴承日光,则背文及二十字皆透在屋壁上,了了分明。人有原其理,以为铸时薄处先冷,唯背文上差厚,后冷而铜缩多,文虽在背,而鉴面隐然有迹,所以于光中现。予观之,理诚如是。然予家有三鉴,又见他家所藏,皆是一样。文画铭字,无纤异者,形制甚古,唯此一样光透。其他鉴虽至薄者,皆莫能透,意古人别自有术。(《梦溪笔谈》卷第十九)

〔按〕透光镜是西汉"日光镜"或"昭明镜",将这种铜镜的镜面对着日光或者其他强光的时候,能在墙上投影出铜镜背面的纹饰或者铭文。宋人对其具体铸造原理非常感兴趣,并曾经作过种种推测,可见宋人之于古器并不仅仅止于"藏古玩珍"的。透光镜的问题近年来引起了西方和日本学者的兴趣,占主导地位的意见是认为由于镜体厚薄差异造成了镜面各个局部与镜背对应处图饰、铭文的凹凸不平和曲率差。而从《梦溪笔谈》中,我们知道早在宋代,中国的学者们就已经作出类似的推测。又,上述所谓曲率差具体是如何产生的,目前尚无确论。按古铜镜工艺可分铸造、热处理、刮磨、开光四个步骤,宋以后少用热处理(见周世荣《中华历代铜镜鉴定》,紫禁城出版社 1993 年版),透光或许与热处理有关。

【透光镜】透光镜其理有不可明者,前辈传记仅有沈存中《笔谈》及之,然其说亦穿凿。余在昔未始识之,初见鲜于伯机一枚,后见霍清夫家二枚,最后见胡存斋者尤奇,凡对日映之,背上之花尽在影中,纤悉毕具,可谓神矣。麻知几尝赋此诗得名。余尝以他镜视之,或有见半身者,或不分明,难得全体见者。《太平广记》第二百三十卷内载有侯生授王度神镜,承日照之,则背上文尽入影内,纤悉无失,然则古亦罕见也。(《癸辛杂识》续集卷下)

〖透光镜〗过鲜于伯机家,有透光镜。映日则背花俱见。凡突起之花,其影皆空。昔麻知几有诗。余尝赋诗云。其后伯机又得一面。而霍清夫家,亦有二枚。最后见胡存斋一镜透影极分明。余因归取所有镜,映之。或有透光一半,或有透而不甚分明者。盖凡镜皆透,特有分明不分明耳。透光镜,止见沈存中《笔谈》。所言亦不甚明白,他书无之。亦物理有不可晓者。(《志雅堂杂钞》卷上)

〖**透光古鉴**〗庆历中,有宦者以罪谪居维扬。藏一古鉴,圆径尺余。云是禁中旧物。鉴背铸成兔形,甚精巧。每至月满夜,持鉴当月照之,则兔形却在鉴中,人莫究其理。(《续墨客挥犀》卷五)

〖**夹镜**〗予于谯亳得一古镜,以手循之,当其中心,则摘然如灼龟之声。人或曰:"此夹镜也。"然夹不可铸,须两重合之,此镜甚薄,略无焊迹,恐非可合也。就使焊之,则其声当铣塞,今扣之,其声泠然纤远。……历访镜工,皆惘然不知。(《梦溪笔谈》卷二十一)

〔按〕据笔记材料看,宋人相当关心透光镜、夹镜、凸面镜等等问题。铜镜的铸造源远流长,隋唐时代铸造工艺达到了最高峰,自宋以后就走下坡路了。宋代铜镜的总体特征是实用而不注重装饰,这大概就是宋人特别留心于古镜的原因。

【**夹镜**】近得一夹镜,大鼻,叩之中虚。有冠剑四人,一题忠臣伍子胥,一吴王,一越王,一范蠡,又二妇人,云越王二女。皆小隶字,制作奇古。沈存中云:"夹镜最难得。"(《西溪丛语》卷上)

〔按〕古镜有东汉伍子胥四乳镜,半球形纽,可能即上言所谓大鼻,图象题记皆同,惟图饰外尚有铭文一圈,云:"吴向里柏氏作镜,四夷服,多贺国家人民。……传告后世乐无极兮!"《西溪丛语》未言镜有铭,或者是略而不记,或者这类纹饰的铜镜分有铭无铭两种。除"柏氏作镜"外,形体以及画像内容都相似的尚有"骀氏作镜"铭辞的吴王伍子胥画像镜。据王仲殊先生考证,骀氏镜和吴向里柏氏镜一样,也是出自吴县的产品。从东汉以降,至于三国、西晋时期,吴郡的吴县(今江苏省苏州市)作为江南地区铜镜铸造业的一个中心,所造之镜型式甚多,以画像镜、神兽镜和盘龙镜三大种类为主(详见王仲殊《"青羊"为吴郡镜工考——再论东汉、三国、西晋时期吴郡所产的铜镜》,《考古》1986年第七期)。新莽至东汉间,出现了一类以历史故事为纹饰内容的铜镜,伍子胥故事镜就是其中一种。

〖夹镜〗古镜一，中藏簧，有声铿然，盖夹铸也。(《云烟过眼录》卷一)

〖夹镜〗乙丑，闰十一月二十一日。至王子庆家。见一镜，乃径尺大者。中藏簧，有声铿然。亦前所未见。(《志雅堂杂钞》卷上)

〖古无纯铜作镜者〗古无纯铜作镜者，皆有锡杂之。(《续博物志》卷十)
〔按〕合金具有硬度高、熔点低的优点。古铜镜是合金制品。原始型的铜镜含铜量很高，战国以来，含锡量开始增多，到了宋代，锡含量明显减少，锌含量增加，铅、锡、锌的总和，接近铜的一半。(详见周世荣《中华历代铜镜鉴定》，紫禁城出版社1993年版)

〖古镜悬而旋〗古镜悬而旋，入之四平，扣之玉声。(《后山谈丛》卷四)
〔按〕鉴定古镜一法，不经长期摩挲大量实物，难以至此。

【古铜器灵异】……范文正公家有古镜，背具十二时，如博棋子，每至此时则博棋子明如月，循环不休。……(《洞天清录》)

【李晦之镜】李晦之一镜，背有八柱十二兽，面微凸，蒂有铭，云："尚方佳贡大毋伤，左龙右虎辟牛羊，朱鸟玄武顺阴阳，子孙备具居中央，长保二亲乐富昌。"(《西溪丛语》卷上)
〔按〕铭文是汉式，八柱十二兽又像是唐或五代的十二生肖八卦式镜。

【钟样镜】近见一镜，如钟样，鼻有大环，有隶字云："一生有十口，前牛无角，后走有口。"十三字，下有一虎。其字恐甲午字谜也。(《西溪丛语》卷上)
〔按〕此镜显然是宋镜。《西溪丛语》虽不明言其为古镜，但将该段文字置于汉唐古镜之间，看来是误作古镜。钟形镜只见于宋代，当时的铜镜制作趋向于实用和自由化。字谜的起源虽然甚早，但其真正的繁荣也在宋代，以分拆字形作为娱乐的字谜、测字广为流传，王安石诸人亦好为此道。这面形状奇特、以字谜为铭的铜镜可以说代表了当时的社会风气。

〖挂镜〗赵德润以一镜来观。杏叶样,资背有大铁环,乃挂镜也。上有古字铭云:"人有一口,前牛无八角,后牛有口走。"殊不可晓。下有一牛转头,前有草一丛。下篆"辟祟驱邪"。两傍亦有字。细而考之,铭语盖"丙"、"午"、"造"三字。其下牛与草,必寓年号耳。(《志雅堂杂钞》卷上)

【何都巡古镜】何都巡出古镜,背龟纽以莲叶承之,左右弹琴仙人,一凤皇对舞,蒂有铭云:"对凤皇舞,铸黄金带。阴阳各有配,日月恒相会。白玉芙蓉匣,翠羽琼瑶带。同心人,心相亲。照心照胆保千春。"(《西溪丛语》卷上)

〔按〕此镜不甚古,龟纽镜只见于唐代。镜铭文体也属唐人风格。唐镜的装饰风格和前代对比有很大变化,总体上趋向活泼自由,铭文也出现了明白表现男女情爱的内容。

【春陵冢镜】道州民于春陵侯家得一古镜,于背上作菱花四朵,极精巧,其镜面背用水银,即今所谓磨镜药也。镜色略昏而不黑,并无青绿色,及剥蚀处。此乃西汉时物,入土千余年,其质并未变。信知古铜器,有青绿剥蚀者,非三代时物无此也。(《洞天清录》)

〔按〕所谓磨镜药,是在镜面涂锡汞后,用白旃打磨,即铜镜镀锡工艺。从出土铜镜表面的色泽,即黑漆色、水阴色、璧玉色等等,是镀锡表层自然腐蚀的结果,和埋藏时间、地理环境都有关系。

〖凤州遁迹山镜〗凤州遁迹山有阚家崖。景德二年,军人杨起忽入一洞穴,穴中有石作镜架一,坐镜围五寸,背铸水族回环,有铭三十二字,曰:"炼形神冶,莹质良工,当眉写翠,对脸傅红,如珠出匣,似月停空,绮窗绣幌,俱涵影中。"方取而闻后有风雨声,既出穴,镜存而匣已烂矣。详其文,乃是妆镜,不知何代之物。而文义甚佳,惜其不见于文集,而独见于郡志,故传录之,以补款识之一云。(《学斋占毕》卷三)

〔按〕是唐镜。唐镜中有"炼形团花镜",镜铭和上镜全同,只是纹饰不同。从镜铭内容看,这种镜是妆镜,妆镜始见于唐代。

【古镜】余家有古镜,背铭云:"汉有善铜出丹阳,取为镜,清如明。"左龙右虎补之。不知丹阳何语。问东坡,亦不解。后见《神仙药名隐诀》云:"铜亦名丹阳。"又一铭云:"尚方作镜真大巧,上有仙人不知老,渴饮玉泉饥食枣,浮云天下散四海,寿如金石佳且好。"东坡云:"清如明,如,而也。若《左传》'星陨如雨'。"颍州顿氏一镜铭云:"凤皇双镜南金装案各本俱云凤凰双琼瑶带装,今从写本。阴阳合为配,日月恒相会。白玉芙蓉匣,翠羽琼瑶带案各本俱云翠羽南金,今从写本。同心相亲,照心照胆寿千春。"《西京杂记》云:"汉有方镜。广四尺九寸,高五尺。表里有明。人直来照之,影则倒见。以手覆心而来,则见肠胃五藏,历历无碍。人有疾病在内,则掩心照之,知人病所在。又女子有邪心,则胆张心动。始皇以照宫人,胆张心动者即杀之。"余家有一镜云:"蔡氏作镜佳且好,明而日月世少有,刻治六官写本,宫悉皆在,长保二亲利孙子芸窗本,子孙,传之后世乐无极。"后又得一面云云。二皆大鼻。此一鼻,上有八篆文,中有"鲁国"二字可识之。奇古如钟鼎样。亦深入字,惟背上者突出。又见一镜,背花妙丽,又有"贞字飞霜"四篆字。镜名或人名耶?不可得而辨。(《侯鲭录》卷一)

〖安陆石岩村耕夫得宿藏一镜〗安陆石岩村耕夫得宿藏一镜,光明莹然,不为土所蚀,视之,可见十余里外草木人物。三人者互欲得之,遂破三段,犹照数里,不知何世物。(《麈史》卷下)

〔按〕春秋战国时有形制小而镜面凹的阳燧镜,唐宋时则有背面作凹状的两面镜。上言殆是前者,"犹照数里"云云则是传言的夸大。

【铜戈辩】右舟之戈,其铭曰"舟",其质则铜。按周官《考工记·冶氏》:"戈之制,有内有胡有援。"郑氏曰:"戈,今勾子戟也。或谓之鸡鸣,或谓之拥颈。"内,谓胡以内接秘者也。援,直刃也。今详此戈之制,两旁有刃,横置而末锐若剑锋者,所谓援也。援之下如磬折稍刓而渐直如牛颈之垂胡者,所谓胡也。胡之旁有可接秘之迹者,所谓内也。援形正横,而郑氏以为直刃,《礼图》从而绘之,若矛槊然,误矣。盖戈击兵也,可勾可啄,而非用以刺也。是以衡而弗从,故冶氏之职又云"已倨则不入,已勾则不决"。郑氏亦云:"倨谓胡微直而邪,多以啄人则不入;勾谓胡曲,多以啄人则创不决。"既谓之啄则若鸟咮然,不容其刃之端上向而直也。今观夏商彝器,铭款有作人形执戈者、荷戈者,其戈皆横如斧铖而锐若鸟咮。又胡垂秘直,正与此戈之制同。此最可证云。其铭曰"舟"者,盖人名也。按陶弘景《刀剑录》夏孔甲之剑铭一字曰甲,今内府所藏公非之鼎其名曰非,公孙蚩之鼎其名曰蚩,文亦皆一,则知舟者亦人名。其字象形,比他铭识尤古质,盖夏商之器也。夫兵器,率用利铁,而此戈乃铜为之。又今人得古刀剑矛戟矢镞之类,率皆铜者。按,太史公《秦始皇本纪》:"二十六年,收天下兵,聚之咸阳,销以为钟,镶金人十二,重名千石。"应劭注曰:"古者以铜为兵。"又按《春秋传·僖十六年》:"郑伯朝楚,楚子赐之金。既而悔之。与之盟曰:'无以铸兵。'遂以铸三钟。"杜预注曰:"古者以铜为兵。"夫五金,皆金也。然秦之金人及古钟皆用铜,则秦所销之兵,与楚盟郑毋铸兵之金皆铜可知矣。应杜之说诚然。……明古者通以锡杂铜为兵器也。又按《刀剑录》夏少康三年、商太甲四年各铸铜剑一,其文曰"定光",则古之兵器用铜,盖无疑矣。况铜为物至精,不为燥湿寒暑变其节,不为风雨暴露改其形,确乎有常。若士君子之行,是以昔人上之。又况形范正、工冶巧、火齐得、剥脱砥砺,其铦至可以剸玉,虽楚铁剑之利亦亡以加。顾三代金工炼液之法亡矣,今人所不能为也。则古兵器用铜,而后世不复为者亦奚足怪?(《东观余论》卷上)

〔按〕此有两得:一是据古戈实物形制以及古彝器铭款图像(即今言族徽铭或图形文字)考正《礼图》及文献之失,二是据实物以及文献材料证"古以铜为兵"。然亦有两失:一是牵强附会,以为铜质象君子之形,二是本末倒置,以为古用铜而今用铁是因为古人的铸造工艺水平高。事实上恰是铸造经验的积累以及铁的硬度高等等原因,使铁终于取代了铜作为铸造兵器的主要原料。王仲殊《汉代考古学概说》(中华书局1984年版)第六章:"根据考古发掘,中国炼铁的历史开始于春秋晚期。到了汉代,铁器的制造和使用已经很普遍。"同文又云:"殷周以来的铜戈,其形制随着时代而改变,直到西汉时还有被制作、使用的,但不久也被铁制的矛和戟所完全代替。"

〖古物数种〗己丑孟秋，访一亲旧，出示古物数种，皆所未见。一刀长可七八寸，微弯。背之中有细齿如锯，末有环。予退而考诸传记，乃知其为削。《考工记》："筑氏为削，长尺博寸，合六而成规。"此所以微弯也。郑氏谓之书刃，以灭青消椠，如仲尼作《春秋》，笔削是也。萧、曹皆秦刀笔吏。师古曰："刀，所以削书。古用简牒，皆以刀笔自随。"郑氏又曰："三分其金，而锡居一，谓之大刀；五分其金，而锡居二，谓之削。"如此，是刀与削，分为二物也。郑氏曰："刃、刀剑之属，削，今之书刃。"孔安国曰："赤刀、赤刃削。"《少仪》曰："刀却授拊。"郑氏曰："颖，环也，拊，把也。"《释名》曰："刀，到也，其末曰'锋'，若锋刺之利也；其本曰'环'，形似环也。"然则直而本环者，刀也；曲而本不环者，削也。予所谓有齿如锯者，正《释名》所谓"若锋刺之利者"。但其本有环，又不可名之以削。古人制作精微，必有所本，更俟请教于博洽君子云。(《游宦纪闻》卷七)

〖铜剑〗近岁，犍为、资官二县接境地名龙透，向氏佃民耕田，忽声出地中，耕牛惊走，得铜剑一，长二尺余，民持归，挂牛栏上。入夜，剑有光，栏牛尽惊。移之舍中，其光益甚，民愚亦惊惧，掷于户外，即飞去，盖神物也。士聂椿云：向，其妇家也。(《邵氏闻见后录》卷第二十七)

【古铛】古铜铛者，龙首三足，挹注以口，翠蚀可玩。因考晋旧事，有龙首铛，即是此类。唐薛大鼎、贾敦颐、郑德本为刺史，皆有异政，号铛脚御史，则铛三足矣。服虔《通俗文》曰："釜有足曰铛。"《笑林》曰："太原人夜失火，欲出铜铛，乃得熨斗，便大惊怪曰：'异事，火未至，已被烧失脚。"亦言有足也。《述异记》有谓"卿无温铛，安得饮酒"，当是温酒器也。竟陵王子良遗何点徐景山酒铛，宋景文公诗曰："谢病归装能办未，葛洪丹灶景山铛。"当是酒具。一日有人持一枚求售，且言以纸燃灯一枚引火铛下，酒可温。余曰："吾斋所有，安知不解温酒也。"乃取与俱，则吾铛中酒先热。售者大骇携之去。(《纬略》卷四)

【刁斗镌斗】字书曰，刁斗以行军，昼炊夕击。今世所见古刁斗，柄长尺四五寸，其斗仅可容勺。合如此，则恐非炊器，击之则可。此物乃王莽时铸威斗厌胜家所用耳，或于上刻贰师将军字及其它官号，尤表其伪，大抵刁斗如世所用有柄銚子，宜可炊一人食，即古之刁斗，讹刁斗字为铫字尔。字书以铫为田器，不言可知也。若镣斗亦如今有柄斗而加三足，予尝见之，辨其质与色，真三代物。盖刁镣皆有柄，故皆谓之斗，刁无足而镣有足耳。又字书以镣为温器，盖古以鼎烹，夫鼎大卒难至热，故温已烹之冷物，令一二人食则用镣，余所见者正然。（《洞天清录》）

【新莽威斗】《避暑录》载韩玉汝家有王莽铜枓。状如勺。以今尺度之，长一尺三寸。其柄有铭曰："大官乘舆十涑。铜枓重三斤九两。新始建国。天凤上戊六年十二月。工遵造。史臣阂、史臣岑、掌旁丞臣弘、令臣栩第二十六枓食器。"其文如此。又观《隶释》载新莽候钲铭："候钲重五十来斤。新始建国。地皇上戊二年。古工二晦造。啬夫放、守史凡、掾太守左丞守令嘉掌共上大夫阙二字省。"二铭甚相类。仆考《新莽传》，建国八年改天凤，天凤六年改地皇。莽自以土行，故以戊子代甲子，为六旬之首。冠用戊子为元日，是以每年有上戊之文。又案天凤四年八月，莽亲之南郊，铸作威斗。威斗以五石铜为之。若北斗。长二尺五寸。欲以压胜。众兵既平，令司命负之，入在御旁。其用如此。后劝孔仁亦曰"右杖威节，左负威斗"。玉汝家所藏铜斗，正此物也。观制度亦相似。第尺寸差殊耳。前后所制，固自不同。又观《南史》："有人开玄武湖，于古冢上得一铜斗。有柄。文帝以访朝士。何承天谓'此亡新威斗，莽三公亡者赐之。一在冢外，一在冢内。时三公居江左者惟甄邯，必邯之墓'。俄启冢，又得一斗。复有石铭'大司徒甄邯之墓'。人皆服其博识。"又知当时威斗，有以赐大臣者如此。候钲无所考据。然不观候钲铭，无以验铜斗为真新始物也。候钲铭云"重五十来斤"，来字上加一点，是"柒"字。古人"七"字有如此借用者。因知北齐文宣以"七"为"柒"而诛弟上党王涣，其指亦有自。（《野客丛书》卷十三）

服匿、刁斗、斯罗（略）（《演繁露》卷一）

〖王莽时铜枓一〗韩丞相玉汝家藏王莽时铜枓一，状如勺，以今尺度之，长一尺三寸，其柄有铭云："大官乘舆十涑。铜枓重三斛九两。新始建国。天凤上戊六年十二月。工遵造。史臣阂、掾臣岑、掌旁丞臣弘、令臣栩第二十六枓食

器"。正今之杓也。……(《避暑录话》卷下)

〖方铜炉〗方铜炉,两脚两耳,饕餮面回文内有"东宫"二字款,色正黑。……(《云烟过眼录》卷三)

【晋冢古器】或传嵊县僧舍治地得砖,上有永和字,及得铜器如今香炉而有盖,上仰三足如小竹筒空而透,上筒端各有一飞鹤,炉下亦三足,别有铜盆承之。(《洞天清录》)(陶篇砖瓦章重见)

【汉漏壶说】按汉器有丞相府漏壶,与此形制同,而上有盖,盖有方空所以出纳,箭下有流筒若渴乌然,所以节水也。此亡有疑作其字盖,余制皆同。然彼器修九寸耳,而此乃长倍蓰之者,盖孔壶为漏,浮箭为刻。水之循环有升降,则器之出纳有大小。视今之漏壶制,大小长短相次,若陛城然,则漏之有壶宜不一而足。(《东观余论》卷上)

〖铜虎符〗道士褚雪巘伯秀所藏铜虎符一半,上有篆文六,云某处发兵合同,下有楷书甲至癸十字,各拟古。(《云烟过眼录》卷二)

〖铜虎符〗褚雪巘携铜虎一半来。上有篆字六,云某处发兵合同。下有甲至癸十真字各半。(《志雅堂杂钞》卷上)

【虎符】叶森曾见先师吾真白收虎符一。长有一尺五寸,广四寸,上剡首,下平, 面作虎蹲在上,下有汉款识字,云第一至第五,皆面上作身通垂,下有磨灭不可辨,剡首二边有字刊年月,磨灭难辨。(《云烟过眼录》卷二)

【李昭述得古铜符】礼部尚书李公昭述,字仲祖,宗谔子也。仁宗时,以枢密直学士陕西都转运使乞近藩,未报。无何,掘地得古铜符,文曰"许昌"。诏下,果得许。(《能改斋漫录》卷十二)

〖铜鼓〗余尝见陆游《务观笔记》有云："予初见梁《欧阳頠传》称'頠在岭南多致铜鼓，献奉珍异'，又云铜鼓累代所无。及予在宣司，见西南夷铜鼓颇精，秘阁下古器库亦有二枚。此鼓乃南蛮用之，不足辱秘府之藏。然自梁时已珍贵之，如此不知何理也。"如上皆陆放翁之笔，第余尝观《东汉书·马伏波传》云："援征交趾，得骆越铜鼓，改铸马式，上之。诏置宣德殿门。"则铜鼓已见《后汉传》，非异书也。陆氏谓梁方珍贵，已失之矣。而欧阳生自梁，距汉世未甚远，而谓累代所无，尤可讶焉。（《学斋占毕》卷二）

〔按〕云南、广西、广东、四川、贵州一带南方地区多出铜鼓。中国南方铜鼓的历史源远流长，1977 年在广西田东锅盖岭发现一面战国晚期的铜鼓。而 1975 年云南楚雄市万家坝二十三号墓出土四面铜鼓，经碳十四鉴定年代大概是公元前 690±90 年间。《学斋占毕》指出了铜鼓最早的文献记录。地方史籍中不乏铜鼓的记载，其中最富价值与特色的是《南诏中兴二年画卷》，画卷之中有两幅描绘了唐代云南地区用铜鼓进行报时和祭神的场面（详见王大道《云南铜鼓》，云南教育出版社 1989 年版）。骆越属百越的一支，先秦至东汉时期活动在岭南一带。据《后汉书》看，骆越在汉代是使用铜鼓的。关于骆越铜鼓出土地点、形制等具体问题，可参见邱钟仑先生的两篇文章：《马援获"骆越铜鼓"地点考》（《古代铜鼓学术讨论会论文集》，文物出版社 1982 年出版）和《骆越与铜鼓》（《中国铜鼓研究会第二次学术讨论会论文集》，文物出版社 1986 年出版）。

【铜鼓】广西土中铜鼓，耕者屡得之。其制正圆，而平其面，曲其腰，状若烘篮，又类宣座。面有五蟾分据其上。蟾皆累蹲，一大一小相负也。周围款识，其圆纹为古钱，其方纹如织簟。或为人形，或为琰璧，或尖如浮屠，如玉林，或斜如豕牙，如鹿耳。各以其环成章，合其众纹，大类细画圆阵之形。工巧微密，可以玩好。铜鼓大者阔七尺，小者三尺。所在神祠佛寺皆有之。州县用以为更点。交趾尝私买以归，复埋于山。未知其何义也。按《广州记》云："俚僚铸铜为鼓。唯以高大为贵，面阔丈余。"不知所铸果在何时。按马援征交趾，得骆越铜鼓，铸为马。或谓铜鼓铸在西京以前。此虽非三代彝器,谓铸当三代时可也。亦有极小铜鼓,方二尺许者,极可爱玩。类为士大夫搜求无遗矣。(《岭外代答》卷七)

【铜柱】铜柱南方处处有之,皆言马援所立。《唐史·南蛮传》:"林邑国南大浦存五铜柱,汉马援所立也。"《南诏传》:"玄宗诏何履先以兵定南诏,取安宁城,复立马援铜柱乃还。"援虽征蛮,未尝渡海。而林邑于唐为环王地在交州南海,行三千里乃至,岂援之所尝至耶? 意者蛮人古有铜柱,中间援因其故制,立之以坚蛮信耶?(《演繁露》卷十六)

〔按〕和上篇铜鼓考一样,这是针对少数民族器物的考古。而这两段文字反映了宋人在态度上多少摆脱了传统的大汉族优越感的束缚,开始比较客观地看待"蛮夷"之地的文物制度。裴渊《广州记》(已佚)说:"援到交趾,立铜柱。"于是此后的史书典籍总不免要把铜柱归功于马援,或者说归功于中原文化。今人冯汉骥先生根据云南晋宁石塞山铜器的人物活动图像考证铜柱是越人固有的风俗制度,它是"社"的标识,马援立铜柱只是依据当地旧习,后人以铜柱为马援所创是一种误解(详见《云南晋宁石塞山出土铜器研究——若干主要人物活动图像试释》,《考古》1963 年第 6 期)。

【铜柱】汉马伏波平交趾,立铜柱,为汉极南界。唐马总为安南都护,夷僚为建二铜柱于伏波之处,以明总为伏波之嗣。是铜柱在安南矣。又唐何履先定南诏,复立马援铜柱。按南诏,今大理国,则是铜柱复当在大理。又占不劳之地,南有大浦,有五铜柱山。形若倚盖,西重岩,东崖海。按占不劳,今占城也。然则铜柱又当在占城。闻钦境古森峒与安南抵界,有马援铜柱。安南人每过其下,人以一石培之,遂成丘陵。其说曰:"伏波有誓云:'铜柱出,交趾灭。'"培之惧其出也。又云,交趾境内有数铜柱,未知孰是。(《岭外代答》卷十)

【铜人】《魏略》曰:"明帝景初元年,徙长安诸钟簴、骆驼、铜人、承露盘,盘折,铜人重不可致,留于霸城,大发卒铸作铜人二,号曰翁仲,列坐司徒门外。"又《汉晋春秋》曰:"帝徙盘,盘折,声闻数十里,金狄或泣,因留霸城。"又唐李贺《金铜仙人辞汉歌》序云:"魏明帝青龙九年八月,诏宫官牵车,西取汉孝武捧露盘仙人,欲立置前殿。宫官既拆盘,仙人临载,乃潸然泪下。"歌曰:"茂陵刘郎秋风客,夜闻马嘶晓无迹。画栏桂树悬秋香,三十六宫土花碧。魏官牵车指千里,东关酸风射眸子。空将汉月出宫门,忆君清泪如铅水。衰兰送客咸阳道,天若有情天亦老。携盘独出月荒凉,渭城已远波声小。"案《明帝纪》,青龙五年三月,改为景初元年。是岁徙长安铜人,重不可致。而李贺以谓青龙九年八月,盖明帝以青龙五年三月改为景初元年,至三年而崩,则无青龙九年明矣,疑李误也。郦元《水经注》云:"魏文帝黄初元年,徙咸阳始皇所铸金人十二,重不可致,因留霸城南。"即与明帝所徙铜人事略同,竟未详其旨。《史记》秦始皇二十六年,有大人长五丈,足履六尺,皆夷狄服,凡十二人,见于临洮。是岁,始皇初并六国,反喜以为瑞,销天下兵器,作金人十二以象之。后十四年而秦亡。又后汉蓟子训有神异之道,时有百岁翁,自说为儿童时,已见子训卖药于会稽市,颜色不异于今。后人复于长安东霸城见之,与一老翁共摩挲铜人,相谓曰:"适见铸此,而已逝五百岁矣。"注云:"秦始皇二十六年,收天下兵器聚咸阳,铸金人十二,重各千石,置宫庭中,至此四百二十余年。"故东坡《赠梁道人》诗云:"采药壶公处处过,笑看金狄手摩挲。"又张天觉《赠人》诗云:"鹤骨飘飘紫府仙,摩挲金狄不知年。"皆用此也。(《靖康缃素杂记》补辑十三)

〔按〕吴企明点校本(宋元笔记丛书,上海古籍出版社1986年第一版)案语云:"据胡仔《苕溪渔隐丛话前集》卷二十,王楙《野客丛书》卷六'露盘'条,亦引一部分,自'《魏略》曰'起,到'乃潸然泪下'止,文字小有异同,王氏云:'仆谓贺所引青龙固失,然据今本《李贺集》云青龙元年,非九年也,朝英误认元年为九年耳。'这是《李贺集》版本异同的问题,并非朝英误记。"

【翁仲】刘禹锡云:"翁仲遗墟草树平。"《魏略》云:明年,景初元年,徙长安钟簴、骆驼、铜人、承露盘。盘折。铜人重不可致,留于霸城。大发卒,铸作铜人二,号曰翁仲,列坐于司徒门外。后汉郿南千秋亭有石坛,坛庙之东枕道,有两石翁仲,南北相对。(《西溪丛语》卷下)

铜人(略)(《爱日斋丛钞》)

【露盘】《缃素杂记》载《魏略》曰："明帝景初元年,徙长安诸钟簴、骆驼。铜人重不可致,留于霸垒。大发卒铸作铜人二,号曰翁仲。"又《汉晋春秋》曰："帝徙盘,盘折。声闻数十里。金狄或泣。因留霸垒。"而唐李贺《金铜仙人辞汉歌》序云:"魏明帝青龙九年八月,诏宫官牵车而西。取汉武捧露盘仙人。欲立置殿前。既拆盘。仙人临载,乃潸然泣下。"黄朝英谓《明帝纪》青龙五年三月改为景初元年。是岁,徙长安铜人,重不可致。而贺以为青龙九年八月。盖明帝以青龙五年三月改为景初元年。至三年而崩。则无青龙九年明矣。此皆朝英所云也。仆谓贺所引青龙固失,然据今本《李贺集》,云青龙元年,非九年也。朝英误认元年为九年耳。(《野客丛书》卷六)

【铜笔格】铜笔格须奇古者为上,然古人少曾用笔格。今所见铜铸盘螭,形圆而中空者,乃古人镇纸,非笔格也。(《洞天清录》)

第三章

收　藏

〖宣和间内府尚古器〗宣和间,内府尚古器。士大夫家所藏三代、秦、汉遗物,无敢隐者,悉献于上。而好事者复争寻求,不较重价,一器有直千缗者。利之所趋,人竞搜剔山泽,发掘冢墓,无所不至,往往数千载之藏,一旦皆见,不可胜数矣。吴珏为光州固始令,先申伯之国而楚之故封也。间有异物而以僻远人未之知,乃令民有罪皆入古器自赎。既而罢官,几得五六十器。……后余中表续为守,闻之,微用其法,亦得十余器。乃知此类在世间未见者尚多也。范之才为湖北察访,有给言泽中有鼎,不知其大小,而耳见于外,其间可过六七岁小儿。亟以上闻,诏本部使者发民掘之,凡境内陂泽悉干之,掘数十丈讫无有,之才寻见谪。(《避暑录话》卷下)

〔按〕宋代的古器收藏是一场盛极一时的全国运动,朝廷重视,士大夫热衷,官吏搜刮,平民或为赎罪,或为贪财而致力于挖掘,大概举国上下,没哪个阶层不曾卷入。这一方面促进了古器物研究(不经过摩挲大量实物,不可能形成像宋代那样成熟的古器物学),另一方面因为挖掘的盲目以及缺乏完善的出土文物保存手段,致使数量无法估算的古器、古迹受到破坏。

【蕲州大鼎】政和三年八月,仓部员外郎提举荆湖南茶盐事范之才奏:"蕲州罗田县山溪中,有大鼎。数年前常见两耳,其穴中可过七八岁小儿。民遂塞以土,今其耳犹发露。欲望就委本处官按验其实,申取朝旨,使异物不埋没于盛时。"奉圣旨,令宋康年躬亲前去,措置开取,无致损动。其后康年勘究无实迹,寻即除名,编管庐州。(《能改斋漫录》卷十五)

〖云梦古器〗云梦县楚王城左右，人时得编钟、佩印、刀、斗、鼎、镜之属，不可胜纪。(《麈史》卷下)

〔按〕云梦泽是宋代学者热心考证的问题之一，恐怕与古器热亦有关系。

〖小鼎〗应山平靖关之南，涧水盘纡，随山而行。忽一日暴雨，村民得小鼎于涧侧。铜为之，色如涂金，两耳三趾，趾皆空，中可受五升，甚轻。民言山肋有鼎痕十数，皆为水所漂，止得此耳。连庶君锡得之甚爱，以为华而不侈，质而不陋。后归永叔。(《麈史》卷下)

〖古铜钟鼎〗长安近城官道之侧有大古冢。以当行人常所往来，故久存不毁。建炎初寇乱，有人发之。得古铜钟鼎之属甚多，验款识皆三代物。冢为隧道窟室，土坚如石。周匝皆刻成人物侍卫之状。其冠服，丈夫则幞头，妇人则段纷。衣皆宽袖，颇类今制而小异。乃知数千载冠服，已尝如此。(《睽车志》卷一)(墓葬、遗址篇重见)

〔按〕此墓当是汉墓(详见墓葬、遗址篇按语)。汉墓中出土前代器并不罕见。

〖宣和殿殷周鼎钟尊爵〗宣和殿聚殷周鼎钟尊爵等数千百种。国破，虏尽取禁中物，其下不禁劳苦，半投之南壁池中。后世三代彝器，当出于大梁之墟云。(《邵氏闻见后录》卷第二十七)

〔按〕按金主以古彝器为不祥之物，大半销毁。如果上文所言可靠，则将来尚有古器重见天日的一天。

〖景祐中内出古钟、鼎、尊三器，诏公辨其款识〗景祐中，内出古铜钟、鼎、尊三器，诏公(王沫)辨其款识。公辨其文，称有周立王字法，参以篆隶，形制不与经典相合，非远古时物，疑似武氏时器，具上其事，诏藏于龙图阁。语在公集中。……(《王氏谈录》)

〔按〕搜集古器最盛之时在北宋宣和年间(见上引《避暑录话》)，这和宋徽宗赵佶的个人喜好有莫大关系。仁宗赵祯也是个大藏家。当时从民间征集古器后,朝廷即诏大臣中精通古器者鉴定其年代以确定价值。

【答刘保衡投进古器诏】大中祥符五年,南康军建昌县李士衡庄,遇晦冥,即光彩出没。一夜,雷电风雨暴作,翼旦山折泉涌,急流中得一古器,篆文款识甚奇。太守刘保衡指以为鼎,投进,答诏云:"眷彼名区,出兹古器。既瑰奇而有异,爰贡奉以斯来。省阅之余,嘉尚良切。"保衡绘形刻石尚在。今观石刻,制作精巧,正古酒爵,非鼎也。当时失于稽考,故诏书亦但言古器云。(《能改斋漫录》卷十四)

〔按〕误爵为鼎,苏轼也犯过同样错误(《答胡穆秀才遗古铜器诗》)。大中祥符是真宗年号,大中祥符五年即公元 1012 年。宋代对古彝器的研究始于真宗初咸平三年,是年由句中正、杜镐首开风气。自此宋人对古彝器的正名经历了一场艰苦的历程。容庚先生《宋代吉金书籍述评》云:"《考古图序》作于元祐七年(公元 1092 年),其书所定器名尚多乖舛。……及《博古图录》成,所定器名,十九确定,亦可知当时诸人研究之猛进矣。"古器大量出土,以及临摹、传拓、"绘形刻石"等新手段的出现都是宋代金石学繁荣的主要原因。

〖收藏〗吾家三世积累,先君子尤酷嗜,至鬻负郭之田以供笔札之用。冥搜极讨,不惮劳费,凡有书四万二千余卷,及三代以来金石之刻一千五百余种。……(《齐东野语》卷十二)

〔按〕宋代士人往往倾家荡产收集古物。欧阳修《集古录目序》、李清照《金石录后序》都谈到聚器之难,器散之易,但虽深知如此,仍好此不息,如欧阳修之言:"或讥予曰:物多则其势难聚,聚久则无不散,何必区区如是哉?予对曰:足我所好,玩而老焉可也。"

〖赵孟坚多藏三代以来金石名迹〗诸王孙赵孟坚字子固,号彝斋,居嘉禾之广陈。修雅博识,善笔札,工诗文,酷嗜法书。多藏三代以来金石名迹,遇其

会意时，虽倾囊易之不靳也。……（《齐东野语》卷十九）

【李伯时好钟鼎古文奇字】 李伯时公麟，雅好钟鼎古文奇字。自夏商以来，以先后次第之。闻一器，则捐千金不少靳。所蓄日富，具为图记。蔡天启尝得商祖丁彝，李尤宝爱。因作诗以赠云：“上溯虞姒亦易尔，下者始置周秦间。造端宏大町畦绝，往往世俗遭讥讪。”盖实录也。（《能改斋漫录》卷十一）

〖藏三代秦汉遗器〗余少好藏三代秦汉间遗器，遭钱塘兵乱尽亡之。后有遗余铜鸠柱头，色如碧玉。因以天台藤杖为干植之，每置左右，今年所亲章微州在平江，有鬻铜酒器，其首为牛，制作简质，其间涂金隐隐犹可见，意古之兕觥。会余生朝，章亟取为余寿。余欣然戏之曰：“正患吾鸠杖无侣，造物岂以是假之耶？”二物常以自随，往岁自行山间，使童子操杖以从，殆以为观尔，未必直须此物也，迩来足力渐觉微，每升降殆不可无时坐石。间儿子甥侄辈环于侧，辄以杖使以觥酌酒以进。即为引满，常亦自笑其癖。顷有嘲好古者，谬云以市古物，不记直，破家无以食，遂为丐，犹持所有，颜子陋巷，瓢号于人曰：“孰有太公九府钱，乞一文。”吾得毋似之。（《岩下放言》卷中）

【夏英公好古器珍玩】 夏英公竦性好古器奇珍宝玩，每燕处，则出所秘者，施青毡列于前，偃卧牙床瞻视终日而罢。月常数四如此。（《能改斋漫录》卷十二）
〔按〕夏竦著有《重校古文四声韵》，整理传抄古文，而传抄古文则是研究战国文字极为有用的资料。金石铭文研究和以及对传抄古文的整理是宋代古文字学的两项成就。

〖鬻书士人〗张文潜尝言近时印书盛行，而鬻书者往往皆士人躬自负儋，有一士人，尽掊其家所有约百余千，买书将以入京。至中涂遇一士人，取书目阅之，爱其书而贫不能得，家有数古铜器，将以货之，而鬻书者雅有好古器之癖，一见喜甚，乃曰：“毋庸货也，我将与汝估其值而两易之。”于是尽以随行之书换数十铜器，亟返其家，其妻方讶夫之回疾，视其行李，但见二三布囊磊块然，铿铿有声。问得其实，乃诟其夫曰：“你换得他这个，几时近得饭吃？”其人曰：“他换

得我那个,也则几时近得饭吃?"因言人之惑也如此,坐皆绝倒。(《道山清话》)

〖吕穆公拒古鉴〗有一朝士,家藏古鉴,自言能照二百里,将以献吕穆公。公曰:"吾面不及碟子大,安用照二百里为?"复有献研于王荆公,云呵之得水。公笑而却之,曰:"纵得一担,能直几何?"二公之言虽类质野,而有清节,不为物移,闻者叹服。(《五总志》)

〖周重实以民间多坏钱为器物乞行禁止〗周重实为察官,以民间多坏钱为器物,乞行禁止。且欲毁民间日近所铸者铜器。时张天觉为正言,极论其不可,恐官司临迫,因而坏及前代古器。重实之言既不降出,愤懑不平,谓同列曰:"天觉只怕怀了钹儿、磬儿。"(《道山清话》)

〔按〕可见当时朝廷极重视古器。自李公麟、欧阳修起,举朝遍野,收藏古器蔚然成风。不过,宋初此风未起之时则是另一番景象。据宋《食货志》,宋初继承前代之风,有毁器铸钱之例,古铜器亦在之列,不但传世古器不放过,甚至于"发古冢",到底销毁了多少古物,不得而知,实是考古学上一个灾难。而南宋,绍兴六年、十三年和二十八年三次销铜器铸钱,从民间收集到发古墓,以至于出御库铜器。分析起来,除了政治经济方面的原因,古器风尚的减弱也是一个原因。

〖古器损缺,今收家完之〗赵子俊孟頫藏一爵,有款云(阙)色黑而褐。亦佳物也,但一足已折,粘缀于上,为可惜耳。东坡诗卷近世跋云:"观此真迹,如觉伪者,甚可笑也。"亦善下语。云三代远矣,鼎彝之器传于今者绝少,或仅而传类多损缺,势使然也。今世收古之家必其完,殊可笑也。其自有一种色黑而文藻精细者,往往皆宣和间礼制局依仿而造,今又见其完备,乃以为三代器,尤可笑也。余尝得三代器之不完者,其饕餮一羊首,莹如绿玉,其旁乃黄铜,其后乃用药烟薰染而成,殊失古意。(《云烟过眼录》卷四)

〔按〕现代的古器修复是以还原本来面目、不破坏古器为原则。从上文可知,宋代已有修复古器,其修复的目的则是想使破损的古器显得完整,以提高其价值,由于不得其法,常常破坏了古器的完整性,使修补后的古器显得不伦不类。

〖古钟鼎彝器,爱尚其有识文者〗古人好事皆极其至,如古钟鼎彝器,尤所爱尚其有识文者。非独其器可玩也,其文犹奇古,其间有关于考订者,所补亦不少。……(《纬略》卷十二)

〔按〕在宋以前,已有研究古器物者(详见容庚《宋代吉金书籍述评》一文,《容庚选集》,天津人民出版社1994年第一版),研究内容主要是器形、彝器制度的沿革,也包括铭文的研究。宋代的金石学是在前代基础上发展起来的。

【古器辨】鼎属七:甲鼎;乙鼎非鼎,乃甗也,盖甑之类;丙鼎中有人形,盖古子孙字;丁鼎;戊鼎中文在两目之间,非鼻,乃"父"字,耳上两目乃古"瞿"字,盖其人曰"瞿父"也;己,敦也,古盛黍稷器,《仪礼》所谓全敦,非鼎也;庚,此汉人香炉耳,非鼎也。钟属四:其三是钟,最后丁号者,柄差长,当是钲也。尊爵属四:甲是卣,中尊也,中有人形亦古子孙字;乙,爵也,文曰"祖甲";丙爵;丁爵。鉴二:甲,其文曰"仙山并照,智水齐名。花朝艳彩,月夜流明。龙盘五瑞,鸾舞双精。传闻仁寿,始验销兵",文体乃唐人镜,其体制亦不甚古;乙铭"青羊作竟,四夷服多贺国安人民—字不明胡虏殄灭天下得—雨旸节五资上二字不明长保二亲",凡三十字,内有三字不明,此乃汉鉴,胜前一鉴远甚。(《东观余论》卷上)

〖盥水匜、商甗、大壶、碧渊明壶、南唐金铜佛〗铜器最佳者,盥水匜。文藻精妙,色如绿玉。无款。必周器也。商甗亦碧色可爱。内有款一,细文。大壶颈上,有雕戈,一月字甚奇。恐亦三代物。汉朱砂,色如点血,汉器之最佳者。碧渊明壶,元中斋物也。闻尚有数种,及南唐金铜佛甚精。以雪作寒甚,持玩不便,遂归。李牧适在焉。(《志雅堂杂钞》卷上)

〖商父己尊、汉尊、汉鼎〗九月十日,偕伯几访端父理问。出商尊一,曰"父己"。商器也。昔沈老卖之董瓒者。绝妙。其质如漆。或黄或红或绿或青。文藻尤精。十二定买之。敦二,大小相似,皆有款。恐亦三代物。又尊一,无款,恐只汉

器。一径尺,无精神。汉鼎,无盖。细纹天禄辟邪研滴。……(《志雅堂杂钞》卷上)

〖小鼎、朱敦、大尊〗甲午岁,五月三日,访张受益。出示一小鼎。文藻甚佳。其色青。视与董氏鼎无大相过。内有□□□三字。奇物也。又有一朱敦。上是两耳彝炉,下连方坐。一觥铸坐四周皆作双牛。而其文皆凸起。朱绿交错。又一大尊,仿佛如廉氏者。皆奇物也。……(《志雅堂杂钞》卷上)

〖古器数种〗右伯彝,藏焦达卿家。正如一大青瓜。色青绿可爱。又两鼎。内一举鼎。一鼎款字尤多,在底内。一盘高足。盘内有大饕餮文,甚佳。(《志雅堂杂钞》卷上)

第四章

著　录

〖《考古图》论古器铭〗古器铭云"十有三月"、"十有四月"、"十有九月"，云"正月乙子"，或云"丁子"。吕与叔《考古图》谓，嗣王逾年未改元，故以月数，乙子即甲子，丁子即丙子。世质人淳，取其同类，不然殆不可考。曾子固谓古字皆重出，此文作"二二"者，特二字耳。(《困学纪闻》卷八)

〖毛伯敦"祝"下一字〗毛伯敦"祝"下一字，刘原父以为"郑"，曰文武时"毛叔郑"也。而吕与叔以为"邾"。簠铭"中"上一字，欧阳公以为"张"，曰宣王时"张仲"也。而与叔以为"弡"。周姜敦"伯"下一字，欧阳公以为"冏"，曰穆王时"伯冏"也，而与叔以为"百"。古文难考，几于郢书燕说。(《困学纪闻》卷八)

〔按〕所谓毛伯敦、张仲簠、周姜敦(欧阳修称为伯冏父敦)其实分别是鄭簠、弡仲簠和伯百父簠。刘敞先把鄭簠的"鄭"字误释为"郑"，之后又把铭文中提到的两个人名："毛伯"和"鄭"扯到一起当成一个人，最后又拿这个"毛伯郑"用来比附《史记·周本纪》中的"毛叔郑"。欧阳修则是把弡仲簠的"弡仲"误释为"张仲"，把伯百父簠的"伯百父"误释为"伯冏父"，然后分别比附《诗·小雅·六月》的"张仲"和《尚书·冏命》的"伯冏"。两人的推论都是错上加错。但是必须肯定的是：宋人已经在铜器定名、断代上摸索出一条路子，即把铜器铭文中提到的人名与文献典籍进行对照，从而推断出该器的具体作器年代。这一发明意义重大，即使在考古学有了质的飞跃的今天，它依然是铜器断代的一种主要手段。

〔古器铭祝延常语〕《博古图》：晋姜鼎铭"用蕲绰绾眉寿"，伯硕父鼎铭"用祈丐百禄眉寿绾绰"，孟姜敦铭"绾绰眉寿"，石湖云似是古人祝延常语。愚谓《汉书》"安世房中歌"云"克绰永福"，颜氏注："绰，缓也，亦谓延长。"（《困学纪闻》卷八）

〔按〕金文中不少套语是宋人考证出来的，如"子孙万年永宝用"、"用祈眉寿"等等。

【《博古图》】政和、宣和间，朝廷置书局以数十计，其荒陋而可笑者莫若《博古图》。予比得汉匜，因取一册读之，发书捧腹之余，聊识数事于此。父癸匜之铭曰"爵方父癸"。则为之说曰："周之君臣，其有癸号者，惟齐之四世有癸公，癸公之子曰哀公，然则作是器也，其在哀公之时欤？故铭曰'父癸'者此也。"夫以十干为号，及称父甲、父丁、父癸之类，夏商皆然，编图者固知之矣，独于此器表为周物，且以为癸公之子称其父，其可笑一也。周义母匜之铭曰"仲姞义母作"。则为之说曰："晋文公杜祁让逼姞而己次之，赵孟云'母义子贵'，正谓杜祁，则所谓仲姞者自名也，义母者襄公谓杜祁也。"夫周世姞姓女多矣，安知此为逼姞，杜祁但让之在上，岂可便为母哉？既言仲姞自名，又以为襄公为杜祁所作，然则为谁之物哉？其可笑二也。汉注水匜之铭曰"始建国元年正月癸酉朔日制"。则为之说曰："汉初始元年十二月改为建国，此言元年正月者，当是明年也。"按《汉书》王莽以初始元年十二月癸酉朔日，窃即真位，遂以其日为始建国元年正月，安有明年却称元年之理？其可笑三也。楚姬盘之铭曰"齐侯作楚姬宝盘"。则为之说曰："楚与齐从亲，在齐湣王之时，所谓齐侯，则湣王也。周末诸侯自王，而称侯以铭器，尚知止乎礼义也。"夫齐、楚之为国，各数百年，岂必当湣王时从亲乎？且湣王在齐诸王中最为骄暴，尝称东帝，岂有肯自称侯之理？其可笑四也。汉梁山锏之铭曰"梁山铜造"。则为之说曰："梁山铜者，纪其所贡之地，梁孝王依山鼓铸，为国之富，则铜有自来矣。"夫即山铸钱，乃吴王濞耳，梁山自是山名，属冯翊夏阳县，于梁国何预焉？其可笑五也。观此数说，他可知矣。（《容斋随笔》卷十四）

〔按〕《博古图》录古器八百三十九件，记录了有器物的容量、重量、款识、尺寸大小，并有图录和考释，考释中能据实物考正文献之失。当然，诚如《容斋随笔》所指出的,《博古图》亦有许多不当之处,但是瑕不掩瑜,直至今天《博古图》仍然是铜器研究的重要资料。诚如容庚先生所言:"使今日而评此书,其铭文之误摹误释,正不可胜数。《四库总目》(一一五:六五)云:'其书考正虽疏而形模未失,音释虽谬而字画俱存,读者尚可因其所绘以识三代鼎彝之制,款识之文,以重为之核订,当时裒集之功亦不可没。其支离悠谬之说,不足以当驳诘,置之不论不议可矣。'"(见容庚《宋代吉金书籍述评》一文,《容庚选集》,天津人民出版社1994年第一版)。

【再书《博古图》】 予昔年因得汉匜,读《博古图》,尝载其序述可笑者数事于《随笔》,近复尽观之,其谬妄不可弹举。当政和、宣和间,蔡京为政,禁士大夫不得读史,而春秋三《传》,真束高阁,故其所引用,绝为乖盾。今一切记之于下,以示好事君子与我同志者。商之癸鼎,只一"癸"字,释之曰:"汤之父主癸也。"父癸尊之说亦然。至父癸匜,则又以为齐癸公之子。乙鼎铭有"乙毛"两字,释之曰:"商有天乙、祖乙、小乙、武乙,太丁之子乙,今铭'乙',则太丁之子也。"父己鼎曰:"父己者,雍己也。继雍己者乃其弟太戊,岂非继其后者乃为之子邪?"至父己尊,则直云:"雍己之子太戊为其父作。"予按以十干为名,商人无贵贱皆同,而必以为君,所谓"癸"即父癸,"己"即雍己,是六七百年中更无一人同之者矣。商公非鼎铭只一字曰"非",释之曰:"据《史记》有非子者,为周孝王主马,其去商远甚。惟公刘五世孙曰公非,考其时当为公非也。"夫以一"非"字,而必强推古人以证之,可谓无理。周益鼎曰:"《春秋》文公六年有梁氏益,昭公六年有文公益,未知孰是。"予按《左传》文八年所纪,乃梁益耳,而杞文公名益姑。周丝驹父鼎口:"《左传》有驹伯,为郤克军佐,驹其姓也。此口驹父,其同驹伯为姓邪?"予按《左传》,驹伯者郤锜也,锜乃克之子。是时郤氏三卿,锜曰驹伯,犨曰苦成叔,至曰温季,皆其食采邑名耳,岂得以为姓哉?叔液鼎曰:"考诸前代,叔液之名不见于经传,惟周八士有叔夜,岂其族欤?"夫伯仲叔季,为兄弟之称,古人皆然,而必指为叔夜之族,是以"叔"为氏也。周州卣曰:"'州'出于来国,后以'州'为氏。在晋则大夫州绰,在卫则大夫州吁,其为氏则一耳。"予按来国之名无所著见,而州吁乃卫公子,正不读《春秋》,岂不知卫《诗·国风》乎?遂以为氏，尤可哂也。周高克尊曰："高克者，不见于他传，惟周末卫文公时，有高克将兵，疑克者乃斯人，盖卫物也。"予按元铭文但云"伯克"，初无"高"字，高克郑清人之诗，儿童能诵之，乃以为卫文公时，又言周末，此书局学士，盖不曾读毛《诗》也。周毁敦曰："铭云伯和父，和者卫武公也。武公平戎有功，故周平王命之为公。"予按一时列国，虽子男之微，未有不称公者，安得平王独命卫武之事？周慧季鬲曰："慧与惠通，《春秋》有惠伯、惠叔，虢姜敦有惠仲，而此鬲名之为惠季，岂非惠为氏，而伯仲叔季者乃其序邪？"予按惠伯、惠叔，正与庄伯、戴伯、平仲、敬仲、武叔、穆叔、成季相类，皆上为谥而下为字，乌得以为氏哉？齐侯镈钟铭云："咸有九州，处禹之都。"释之曰："齐之封域，有临淄、东莱、北海、高密、胶东、泰山、乐安、济南、平原，盖九州也。"予按铭语正谓禹九州耳，今所指言郡名，周世未有，岂得便以为州乎？宋公䣛钟铭曰："宋公成之䣛钟。"释之曰："宋自微子有国二十世，而有共公固成，又一世而有平公成，又七世而有剔公成，未知孰是。"予按宋共公名，《史记》以为瑕，《春秋》以为固，初无曰"固成"者。且父既名"成"，而其子复名之可乎？剔成君为弟偃所逐，亦非名"成"也。周云雷磬曰："《春秋》鲁饥，臧文仲以玉磬告籴于齐。"按经所书，但云"臧孙辰告籴于齐"，《左传》亦无玉磬之说。汉定陶鼎曰："汉初有天下，以定陶之地封彭越为梁王，越既叛命，乃以封高祖之子恢，是为定陶共王。"予按恢正封梁王，后徙赵。所谓定陶共王者，元帝之子、哀帝之父名康者也。（《容斋随笔》三笔卷第十三）

【先君言崇宁后古器毕集御府】先君言，绍圣初，宗室仲忽得古铜器，有铭曰："鲁公作文王尊彝以献。"诏送秘阁，而馆中劾奏，仲忽所献，实非古物，请正欺诞之罪。于是仲忽坐罚俸一月。盖是时犹恶其以怪奇惑人主也。至崇宁后，古器毕集于御府，至不可胜计。一器之值，或数千缗，多因以求恩泽。所至古冢，劚凿殆遍，而仲忽所献，巍然冠众器之上矣。有《博古图》百卷，然犹其略也。宣抚司入燕，得古玉器以献，亦编于图，命王黼作序，馆中代之云："宣抚司得耶律德光所盗上世宝玉。"当时阿谀之士，翕然称其□□得《尚书》、《春秋》之法，其可笑如此。（《家世旧闻》卷下）（玉篇重见）

〖**蔡君谟既为余书《集古录目序》刻石**〗蔡君谟既为余书《集古录目序》

刻石,其字尤精劲,为世所珍,余以鼠须栗尾笔、铜绿笔格、大小龙茶、惠山泉等物为润笔,君谟大笑,以为太清而不俗。后月余,有人遗余以清泉香饼一箧者,君谟闻之叹曰:"香饼来迟,使我润笔独无此一种佳物。"兹又可笑也。清泉,地名,香饼,石炭也,用以焚香,一饼之火,可终日不灭。(《归田录》卷二)

〔按〕宋代早期曾出现政治稳定、经济持续发展的黄金时代,之后则受到来自北方少数民族贵族的威胁,人浮于世,享乐主义应时滋生,茶、酒、食品、游戏以及各种新的玩乐方式都趋向于细致、讲究,士大夫们则醉心于收藏古书画、名砚、古本书、古钟鼎彝器以及一切其他高雅的东西。所以宋话本中多有因为吃喝嫖赌而破落的富室,笔记杂著中也不乏为某种心爱之物而倾家荡产的士人。在欧阳修著《集古录》是件极清雅的事;在蔡君谟为欧阳修书写《集古录目序》也是件极清雅的事,难免互相标榜。

〔古器说〕虞夏而降,制器尚象,著焉后世。繇汉武帝汾睢得宝鼎,因更其年元。而宣帝又于扶风亦得鼎,款识曰:"王命尸臣,官此栒邑。"及后和帝时,窦宪勒燕然还,有南单于者遗宪仲山甫古鼎,有铭,而宪遂上之。凡此数者,咸见诸《史记》所彰灼者。殆魏晋六朝隋唐,亦数言获古鼎器。梁刘之遴好古爱奇,在荆州聚古器数十百种,又献古器四种于东宫,皆金错字,然在上者初不大以为事,独国朝来寖乃珍重,始则有刘原父侍读公为之倡,而成于欧阳文忠公。又从而和之,则若伯父君谟、东坡数公云尔。初,原父号博雅,有盛名,曩时出守长安。长安号多古簠、敦、镜、甗、尊、彝之属,因自著一书,号《先秦古器记》。而文忠公喜集往古石刻,遂又著书名《集古录》,咸载原父所得古器铭款。繇是学士大夫雅多好之,此风遂一煽矣。元丰后,又有文士李公麟者出。公麟字伯时,实善画,性希古,则又取平生所得暨其闻睹者,作为图状,说其所以,而名之曰《考古图》,传流至元符间。太上皇帝即位,宪章古始,眇然追唐虞之思,因大宗尚。及大观初,乃效公麟之《考古》,作《宣和殿博古图》。凡所藏者,为大小礼器,则已五百有几。世既知其所以贵爱,故有得一器,其直为钱数十万,后动至百万不翅者。于是天下冢墓,破伐殆尽矣。独政和间为最盛,尚方所贮至六千余数,百器遂尽。见三代典礼文章,而读先儒所讲说,殆有可哂者。始端州上宋成公之钟，而后得以作大晟。及是，又获被诸制作。于是圣朝郊庙礼乐，一旦遂复古，跨越先代。尝有旨，以所藏列崇政殿暨两廊，召百官而宣示焉。当是时，天子尚留心政治，储神穆清，因从琐闼密窥，听臣僚访诸左右，知其为谁，乐其博识，味其议论，喜于人物，而百官弗觉也。时所重者三代之器而已，若秦、汉间物，非殊特盖亦不收。及宣和后，则咸蒙贮录，且累数至万余。若岐阳宣王之石鼓，西属文翁礼殿之绘像，凡所知名，罔间巨细远近，悉索入九禁。而宣和殿后，又创立保和殿者，左右有稽古、博古、尚古等诸阁，咸以贮古玉印玺，诸鼎彝礼器，法书图画尽在。然世事则亦烂熳，上志衰矣，非复前日之敦尚考验者。俄遇僭乱，侧闻都邑方倾覆时，所谓先王之制作，古人之风烈，悉入金营。夫以孔父、子产之景行，召公、散季之文辞，牛鼎象樽之规模，龙瓿雁灯之典雅，皆以食戎马，供炽烹，腥鳞湮灭，散落不存。文武之道，中国之耻，莫甚乎此，言之可为于邑。至于图录规模，则班班尚在，期流传以不朽云尔。作古器说。（《铁围山丛谈》卷四）

〔按〕言及历代收集古器之事，回顾宋代金石学兴起的经过。可以总结出三点：一，宋以前，出土钟鼎彝器历来就作为奇珍或者祥瑞收藏，收藏研究古器并不是从宋代才开始的，只是宋以前还不成气候；二，宋代金石学起源于个别士大夫收集金石器，并研究著述，开始形成风气，这种风气符合朝廷证经补史、正礼乐、振纲常的政治需要，于是在朝廷参与、支持下金石学蓬勃发展，尤其是宋徽宗赵佶，起了关键作用；三，金人的南侵掠夺，是对金石学的一次打击，官库作为最大的收藏家丢失了大量古器（南迁后也有金石学著作出现，但总的来说是衰落了）。

〔**李伯时自画其所蓄古器为一图**〕李伯时自画其所蓄古器为一图，极其精妙。旧在上蔡毕少董良史处。少董尝从先人求识于后。少董死，乃归秦伯阳熺。其后流转于其婿林子长桷，今为王顺伯厚之所得。真一时之奇物也。先人跋语云："右《古器图》，龙眠李伯时所藏，因论著自画，以为图也。……凡先秦古器源流，莫先于此轴矣。……本朝自欧阳子、刘邍父始辑三代鼎彝，张而明之，曰：'自古圣贤所以不朽者，未必有托于物，然物固有托于圣贤而取重于人者。'欧阳子肇此论，而龙眠赓续，然后涣然大备。所谓'三代邈矣，万一不存，左右采

获，几见全古'，惟龙眠可以当之也。……"顺伯录以见予。(《挥麈录》余话卷之二)

〔按〕宋代金石学发展，很大一部分得益于新的著录手段。

【赵德甫《金石录》】 东武赵明诚德甫，清宪丞相中子也。著《金石录》三十篇，上自三代，下讫五季，鼎、钟、甗、鬲、盘、匜、尊、爵之款识，丰碑大碣显人晦士之事迹，见于石刻者，皆是正讹谬，去取褒贬，凡为卷二千。其妻易安李居士，平生与之同志，赵没后，愍悼旧物之不存，乃作后序，极道遭罹变故本末。今龙舒郡库刻其书，而此序不见取，比获见元稿于王顺伯，因为撮述大概云：

"予以建中辛巳归赵氏，时丞相作吏部侍郎，家素贫俭，德甫在太学，每朔望谒告出，质衣取半千钱，步入相国寺，市碑文果实归，相对展玩咀嚼。后二年，从宦，便有穷尽天下古文奇字之志，传写未见书，买名人书画、古奇器。有持徐熙《牡丹图》求钱二十万，留信宿，计无所得，卷还之，夫妇相向惋怅者数日。

"及连守两郡，竭俸入以事铅椠，每获一书，即日勘校装缉，得名画彝器，亦摩玩舒卷，摘指疵病，尽一烛为率。故纸札精致，字画全整，冠于诸家。每饭罢，坐归来堂，烹茶，指堆积书史，言某事在某书某卷第几叶第几行，以中否胜负，为饮茶先后，中则举杯大笑，或至茶覆怀中，不得饮而起。凡书史百家字不刓缺、本不误者，辄市之，储作副本。

"靖康丙午，德甫守淄川，闻虏犯京师，盈箱溢箧，恋恋怅怅，知其必不为己物。建炎丁未，奔太夫人丧南来，既长物不能尽载，乃先去书之印本重大者，画之多幅者，器之无款识者，已又去书之监本者，画之平常者，器之重大者，所载尚十五车，连舻渡淮、江。其青州故第所锁十间屋，期以明年具舟载之，又化为煨烬。

"己酉岁六月，德甫驻家池阳，独赴行都，自岸上望舟中告别。予意甚恶，呼曰：'如传闻城中缓急，奈何？'遥应曰：'从众，必不得已，先弃辎重，次衣衾，次书册，次卷轴，次古器。独宗器者可自负抱，与身俱存亡，忽忘之！'径驰马去。秋八月，德甫以病不起。时六宫往江西，予遣二吏，部所存书二万卷，金石刻二千本，先往洪州，至冬，虏陷洪，遂尽委弃。所谓连舻渡江者，又散为云烟矣！独余轻小卷轴，写本李杜韩柳集、《世说》《盐铁论》、石刻数十副轴，鼎鼐十数，乃南唐书数箧,偶在卧内,岿然独存。上江既不可往,乃之台、温,之衢,之越,之杭,寄物于嵊县。庚戌春,官军收叛卒,悉取去,入故李将军家。岿然者十失五六,犹有五七箧,挈家寓越城,一夕为盗穴壁,负五箧去,尽为吴说运使贱价得之。仅存不成帙残书策数种。

"忽阅此书,如见故人,因忆德甫在东莱静治堂,装褾初就,芸签缥带,束十卷作一帙,日校二卷,跋一卷,此二千卷,有题跋者五百二卷耳。今手泽如新,墓木已拱! 乃知有有必有无,有聚必有散,亦理之常,又胡足道? 所以区区记其终始者,亦欲为后世好古博雅者之戒云。"

时绍兴四年也,易安年五十二矣,自叙如此。予读其文而悲之,为识于是书。(《容斋随笔》四笔卷五)

〔按〕赵明诚《金石录》与其妻李清照密不可分,清代《池北偶谈》谓《金石录》为赵氏夫妇合著,此说已成公论。赵明诚死后,《金石录》尚未完成,李清照整理成书,并于绍兴四年(公元 1134 年)作《金石录后序》。当时龙舒郡斋不附印李序,洪迈于是补记于《容斋随笔》。

【盘铭】汤之盘铭曰:"苟日新,日日新,又日新。"场屋屡出盘铭、又日新赋及盘铭诗。学者往往多因方氏误指为燕器,故国学诗有食息不遑安之句,殊昧经旨,按《正义》曰:"汤沐浴之盘而刻铭为戒,必于沐浴云者,戒之甚也。"盖取其澡身浴德常加之意,故有日新而又新之义。抑尝观诸《荀子》曰:"君者,盘也;水者,民也。盘圆则水圆。"谓之盘圆则水圆,则盘非沐浴之器而何?(《示儿编》卷四)

〖唐开元中偃师人耕地得古铜盘〗唐开元中偃师人耕地得古铜盘,篆奇古,其文曰:"右林左泉,后冈前道,万世之宁于焉"。是宝考之图经乃比干墓铭。《东皋杂记》兰亭续帖、赐书堂帖皆有此篆。(《纬略》卷十)

〖三代鼎器名〗三代鼎器名:

商鼎	文王鼎	周公鼎
周姜鼎	虢姜鼎	郑伯姬鼎

伯姬鼎	晋姜鼎	孔文公鼎
鲁公鼎	宋公鼎	单阿鼎
宋君鼎	宋君夫人鼎	东宫方鼎
得鼎	庚鼎	乙鼎
大鼎	始鼎	栾鼎
趚鼎	辛鼎	癸鼎
龙鼎	陀鼎	东宫鼎
盘鼎	公緘鼎	子师鼎
子吴鼎	师突鼎	父乙鼎
叔夜鼎	季娟鼎	父癸鼎
父甲鼎	父丁鼎	蝉文鼎
龙生鼎	召夫鼎	师毇敦
师毛敦	师㿳敦	周姜敦
周虞敦	应侯敦	屈生敦
仲驹敦	孟金敦	刺公敦
叔榴敦	虢姜敦	散季敦
仲酉敦	冀师敦	龙敦
㩵敦	始敦	何敦
尹敦	牧敦	戠敦
周敦	邾敦	内史彝
周公彝	召公彝	鲁侯彝
邾彝	伯宗彝	楚公彝
沈子彝	虘伯彝	司空彝
欼姬彝	仲举彝	单从彝
品伯彝	单阿彝	交父彝
楚王盇彝	祖戊彝	商癸彝
季娟彝	父癸彝	祖乙彝
父乙彝	父丁彝	父己彝
父辛彝	母丁彝	师舱彝

仲父彝　商彝　五彝
伯彝　歔彝　虢彝
形彝　尹彝　应彝
亚彝　伊彝　仲父彝
小子师彝　庚父鬲　高姜鬲
书鬲　父子鬲　父己鬲
毛乙鬲　乃子鬲　母鬲
虢叔鬲　莫敖鬲　宝德鬲
聿远鬲　伯鬲　父丁鬲
许子钟　粤钟　商钟
元子钟　走钟　迟父钟
南和钟　分宁钟　许子小钟
盠和钟　召公尊　朝事尊
韦子尊　鱼尊　叔宝尊
虎尊　父戊尊　祖戊尊
祖辛尊　中尊　太甲尊
父丁尊　商从尊　父癸尊
父辛尊　大甲尊　庚爵
父庚尊　丁青爵　商爵
父戊爵　祖己爵　父己爵
己举爵　己爵　举爵
篆带爵　父乙爵　祖乙爵
伯爵　饮爵　觯爵
父甲爵　主人举　癸举
父辛爵　寅簋　左父举
叔高簋　师冥簋　师奕簋
张仲医　刘公医　太公医
子斯医　史黎医　姬寏医
姬寏豆　单疑豆　仲虔洗

仲虞洗	田季匜	寒戊匜
叔匜	杞公匜	义母匜
张伯匜	季姬匜	季亳匜
祖戊匜	齐侯匜	邛仲盘
伯盉盘	寿盘	史孙盘
邛仲盉	伯盉盉	应妇瓹
周阳侯瓹	仲信瓹	邻瓹
孟妳瓹	父乙瓹	庚瓹
饮瓹	伯温瓹	冀师舟
师准卣	周卣	冀卣
商卣	兄癸卣	母辛卣
母乙卣	父甲卣	祖癸卣
父己卣	祖戊卣	王伯簋
趞簋	诸友盉	伯玉盉
沈子盉	季亳盉	父丁盉
兹女瓠	象瓠	父庚瓠
早子瓠	平周缸	窖磬
丁举瓯	伯索盂	熙之筊
同	武安釜	轵家釜

右三代鼎器名见于图书者,会粹于此,将有考焉。(《纬略》卷十一)

第五章

考　史

〔**迁九鼎**〕武王伐商,迁九鼎于洛邑,故洛阳南面有定鼎门,及郏鄏陌,此之九鼎乃夏鼎也。既尝自夏入商,又遂自商入周。春秋时世与之相近,所记必不误也。《史记》言周王入秦,献其九鼎,则是鼎尝入关矣。然自汉以后,不闻关中有鼎,不知已入关后竟复何在也。《史记》始皇二十八年过彭城,使千人没泗水求周鼎,不得。东坡曰:此周人惩问鼎之祸,沉之泗水以缓祸。此说非也。泗水属彭城,彭城非商都,亦非周都,何缘周鼎可没此水也? 或是周别有鼎而人误传耶?(《演繁露》卷七)

【**九鼎**】……当时周人以它鼎沉泗耳,又《通鉴》曰"楚欲图,周王使东周武公谓楚令尹昭子曰:'西周之地绝长补短,东西不过百里,裂其地不足以肥国,攻之者名为弑君。然而犹有欲攻之者,见祭器在焉,故也。今子欲残天下之共主,居三代之传器。器南则兵至矣。'于是楚计辍不行。"按此即九鼎传器也。乐毅入齐临淄取宝物祭器,输之于燕。孟子谓王速出令返其旄倪止其重器,即乐毅所取之器也。《通鉴》汉文十六年,新垣平言,周鼎之在泗水中,今河决,通于泗,可祠而出之。(《演繁露》卷八)

〔按〕泗水周鼎,历来受关注。《演繁露》力言其非周九鼎传器,论据充分,其观点相当有说服力。按《史记》,汉文帝听信方士新垣平之说,"使使治庙汾阴,南临河,欲祠出周鼎"。然而文帝世没有见到所谓周鼎,汉武帝时方于汾水获鼎,因而改元曰"元鼎"。这个鼎很可能就是新垣平本人假造的。其言"臣望东北汾阴直有金宝气,意周鼎其出乎? 兆见不迎则不至"云云,如果不做两手准备,恐不能说得如此肯定。

【十八鼎】夏禹铸九鼎,唯见于《左传》王孙满对楚子,及灵王欲求鼎之言,其后《史记》乃有鼎震及沦入于泗水之说。且以秦之强暴,视衰周如机上肉,何所畏而不取?周亦何辞以却?赧王之亡,尽以宝器入秦,而独遗此,以神器如是之重,决无沦没之理。泗水不在周境内,使何人般舁而往,宁无一人知之以告秦邪?始皇使人没水求之不获,盖亦为传闻所误。三《礼》经所载钟彝名数详矣,独未尝一及之,《诗》《易》所书,固亦可考,以予揣之,未必有是物也。唐武后始复置于通天宫,不知何时而毁。国朝崇宁三年,用方士魏汉津言铸鼎,四年三月成,于中太一宫之南为殿,名曰九成宫。中央曰帝鼐,北方曰宝鼎,东北曰牡鼎,东方曰苍鼎,东南曰冈鼎,南方曰彤鼎,西南曰阜鼎,西方曰晶鼎,西北曰魁鼎。奉安之日,以蔡京为定鼎礼仪使。大观三年,又以铸鼎之地作宝成宫。政和六年,复用方士王仔昔议,建阁于天章阁西,徙鼎奉安。改帝鼐为隆鼐,余八鼎皆改焉,名阁曰圆象徽调阁。七年,又铸神霄九鼎,一曰太极飞云洞劫之鼎,二曰苍壶祀天贮醇之鼎,三曰山岳五神之鼎,四曰精明洞渊之鼎,五曰天地阴阳之鼎,六曰混沌之鼎,七曰浮光洞天之鼎,八曰灵光晃曜炼神之鼎,九曰苍龟大蛇虫鱼金轮之鼎。明年鼎成,置于上清宝箓宫神霄殿,遂为十八鼎。续又诏罢九鼎新名,悉复其旧。今人但知有九鼎,而十八之数,唯朱忠靖公《秀水闲居录》略纪之,故详载于此。(《容斋随笔》三笔卷十三)(仿制篇重见)

〖周人得夏后氏之鼎〗周人得夏后氏之鼎,藏之太庙,八百有余岁矣。周衰,宋之社亡,鼎沦入于泗水。秦始皇灭周,斋七日,使万人没水求之不获。宋,今南京;洙泗,今兖州,远矣。盖周人设词以拒人之说,正如楚子问鼎,而答以九九八十一万人可挽,何涂而至之?齐之事同,秦不悟而力欲得之,妄矣!(《云麓漫钞》卷十)

〖齐量〗晏子曰:"齐其归陈氏矣,公弃其民而归于陈。齐旧四量豆、区、釜、钟,四升为豆,自其四以登于釜。"注:四豆为区,区斗六升也;四区为釜,釜六

斗四升也；釜十则钟六斛四斗。陈氏三量皆登一焉，钟乃大矣。（《演繁露》卷十）

【无射大钟】魏收集有《聘游赋》，其曰"珍是淫器，无射高悬"者，人多不解。盖收仕东魏，尝聘萧梁，作此赋耳。按，《周语》"景王二十三年，铸大钟，名无射，伶州鸠谏之而不听"者也。秦灭周，其钟徙于长安。历汉、魏、晋，常在长安。及刘裕灭姚泓，又移于江东。历宋、齐、梁、陈，其钟犹在，故收赋得而载之。及开皇九年，平陈，又迁于西京，置太常寺。至十五年，敕毁之。《隋志》不言其详，惟《高祖纪》云："十一年春正月丁酉，以平陈所得古器，多为妖变，悉命毁之。"（《能改斋漫录》卷七）

二　陶篇

第一章

砖　瓦

〔**灌瓦**〕赣之雩都尉厅后，旧有灌婴庙临其池上。庙毁，往往瓴甓堕池中，岁年不可记矣。因刀镊工取半瓦为砺石，人见而异之，遂求其瓦为砚，于是有灌瓦之名。求者既多，今罕得全瓦。好事者以铜雀瓦不复有，亦谩蓄之。（《独醒杂志》卷九）

【**铜雀灌砚**】相州，古邺都，魏太祖铜雀台在其处，今遗址仿佛尚存。瓦绝大，艾城王文叔得其一，以为砚，饷黄鲁直，东坡所为作铭者也。其后复归王氏。砚之长几三尺，阔半之。先公自燕还，亦得二砚，大者长尺半寸，阔八寸，中为瓢形，背有隐起六隶字，甚清劲，曰："建安十五年造。"魏祖以建安九年领冀州牧，治邺，始作此台云。小者规范全不逮，而其腹亦有六篆字，曰："大魏兴和年造。"中皆作小簇花团。兴和乃东魏孝静帝纪年，是时，正都邺，与建安相距三百年，其至于今，亦六百余年矣。二者皆藏侄孙偳处。予为铭建安者曰："邺瓦所范，嘻其是邪？几九百年，来随汉槎。淬尔笔锋，肆其滂葩。偳实宝此，以昌我家。"铭兴和者曰："魏兀之东，狗脚于邺。吁其瓦存，亦禅干劫。上林得雁，获贮归笈。玩而铭之，衰泪栖睫。"赣州雩都县，故有灌婴庙，今不复存。相传左地尝为池，耕人往往于其中耕出古瓦，可斸为砚。予向来守郡日所得者，刓缺两角，犹重十斤，沈墨如发硎，其光沛然，色正黄，考德仪年，又非铜雀比，亦尝刻铭于上曰："范土作瓦，既埴既已。何断制于火，而卒以圆水？庙于汉侯，今千几年？何址蹶祀歇，而此独也存？县赣之雩，曰若灌池。研为我得，而铭以章之。"盖纪实也。（《容斋随笔》续笔卷十二）

〖铜雀台瓦〗魏铜雀台遗址今在相州,世传昔制此台,瓦用澄泥加胡桃油埏埴之,与他瓦异。琢以为研,贮水不竭。今人所得往往皆伪者,形制虽佳,置水则立尽,疏涩不可用。人谓之笔普度。(《杨公笔录》)

〔按〕铜雀台一名鹊雀台,在今河北临漳县西南三台村,东汉建安十五年曹操所建。铜雀台是赫赫有名的,杜牧的《赤壁》诗:"东风不与周郎便,铜雀春深锁二乔。"

〖铜雀砚〗世称铜雀砚,殆用铜雀台瓦为之也。余观《武昌土俗编》载安乐宫在吴王城中,旧传此宫中古瓦皆澄泥为之,可作砚,一瓦值钱一千文。是知古瓦精致如此,不独铜雀台瓦可为砚也。苏东坡酷爱砚,其在黄州五年,黄州去武昌不远,略无一言及之,前后好事者甚多,亦无及此,何耶?岂东坡时,吴宫古瓦犹未显于世欤?深所未喻也。(《瓮牖闲评》卷六)

【古瓦辩】欧阳公《研谱》云:"相州真古瓦,朽腐不可用。世俗尚其名尔。今人乃以澄泥如古瓦状,埋土中久而研之。"然近有长安民献秦武公羽阳宫瓦十余枚。若今人筒瓦然,首有"羽阳千岁万岁"字。其瓦犹今旧瓦,殊不朽腐。其比相州瓦又增古矣。则知相州古瓦未必朽腐,盖传闻之误尔。(《东观余论》卷上)

〔按〕羽阳宫瓦所出甚多,"千岁万岁"更是常见的套语。

【汉砖】曩于周益公坐间,出示汉五砖,皆得于剑州梓潼县,因记其文,公亦书于后,并录之。

谢君砖。其文云:"元和三年五月甲戌朔,谢君久造此墓。"按,元和之号,惟汉章帝、唐宪宗有之。宪宗之三年,其五月则壬午朔也,而此甲戌其为汉隶不疑。扈君甲砖。其文云:"持节使者、北宫卫令扈君千秋之宅,建武二十八年五月丙午,工李邑作。"乙砖。其文云:"北宫卫令扈君万秋宅。"皆篆文。汉北宫卫士令,秩六百石。以《长历》考之,是岁壬子,下到今淳熙壬寅,一千一百二十载矣。

范君甲砖。其文云:"嗟痛明时,仲治无年,结种孳孳,履践圣门,智辨赐张,

（阙一字）噍孔言，宽博（阙一字）约，性能渊泉，带徒千人，行无遗愆。"

乙砖。其文云："德积未报，曷尤乾巛，茂而不实，颜氏暴颠，非独范子，古今皆然，相貌睹形，列画诸先，设生有知，岂复恨焉。"汉范皮阙旁，耕者尝获巨砖二，皆为当路取去，惟拓本传于好事之家。乙砖仅存，此范君墓中之铭。《晁错传》："公卿言邓先。"师古曰："邓先犹言邓先生也。"列画诸先者，岂非墓中列画古贤士，如武梁石室之类邪？先儒谓谢朓始为志铭，此可证其误。

梓潼城砖。其文云："梓潼城。"篆文皆反，一砖之重至□斤，岁月虽无所稽，然字画劲奇，绝非近古所能作者。（《芦浦笔记》卷二）

〔按〕西汉时期，用巨大的空心砖筑造墓室是流行的墓葬方式。汉范君墓二巨砖殆此类。画像砖墓和画像石墓是汉代流行的墓葬方式。汉代空心砖墓和砖式墓中有的有彩色壁画，壁画内容从神话传说、墓主人生活场景到历史故事，种类繁多。看来范君墓的壁画内容是关于先贤的历史故事。《芦浦笔记》根据范君墓砖铭的内容推断其墓中有画像，并对画像内容作了推测，此为一得。而另一个更重要的成绩就是依据实物——范君墓砖，证明先儒所谓谢朓时代（南北朝）始为志铭的说法是错误的，从而把志铭的出现推早了到汉代。我国墓志的起源时代，考古学界一般认为是东汉时期。出土于洛阳的东汉延平元年（公元106年）贾武仲妻马姜墓记一般被认为是最早的墓志标本。不过，近年河南偃师姚孝经墓出土了一块刻字方砖，位置摆放在前室入口处，形状规则，铭刻内容包括墓主姓名、身份、生平以及纪年月日。有学者认为这块方砖已经初具墓志特征（详见偃师商城博物馆《河南偃师东汉姚孝经墓》，《考古》1992年第3期）。这么一来，墓志的产生期就可以推前到东汉早期。《芦浦笔记》所记范君墓砖铭没有具体年月，实为一大憾事。

〖华人发古冢得砖〗华人发古冢，得砖，皆有刻字，曰："晋升平四年，三月四日，大学博士陈留郡雍丘县都周阐字道舒妻活，晋浔阳太守谯国龙坉县柏逸字茂长小女，父晋安城太守鹰扬，男讳蟠字永时，皆镌同文。"此周阐之妻、百逸之女墓也。父晋安太守鹰扬男讳蟠者，盖阐之父，故独称讳。但其妻名活，何

义？字画极分明无讹。(《岩下放言》卷上)(墓葬、遗址篇重见)

〔按〕晋升平四年是公元 360 年，东晋墓葬常见年号砖铭，上言砖铭记
年月日、姓名、家世，殆是墓志铭。宋代学者始对墓志铭发生兴趣，洪适
《隶释》载有《汉张宾公妻穿中二柱文》(汉建初二年)。

〔绍兴府山阴农人辟地得古砖〕嘉泰二年六月，绍兴府山阴农人，辟地得
古砖于黄闶冈，字十行，云："郎耶王献之保母，姓李名意如，广汉人也。在母家
志行高秀，归王氏，柔顺恭懃，善属文，能草书，解释、老旨趣。年七十，兴宁三年
岁在乙丑二月六日，无疾而终。下阙十二字望葬会稽，下阙九字。冈下。殉以曲水
小砚，交螭方壶。树双松于墓上，立贞石而志之。悲夫！后八百余载，知献之保
母宫于兹土者，尚下阙二字。焉。"尚书李公大性伯和，时持浙东宪节，尝见，云：
"砚色紫而润，后有'晋献之'三字，傍有'永嘉'二字。"砚后归钱清王畿家。畿好
古，三槐王氏后，模得其本，出以示予。《志》字大小，甚类《兰亭叙》，其间"曲水
会稽"字，尤逼《叙》，笔力遒逸，真有父风。或云乃近人伪为之，有五验：盖集王
字，故大小不等，一也；书"晋献之"三字，而不著姓，献之绝不若是，二也；妇人谓
嫁曰归，既为人保母，不当言归，复云"志行高秀"，皆非学者语，三也；献之非善
日者，而云八百余载，四也；古人墓砖文皆突起，无刊字者，五也。以此推之，良
有理。(《云麓漫钞》卷五)

【晋冢古器】或传嵊县僧舍治地得砖，上有永和字，及得铜器如今香炉而
有盖，上仰三足如小竹筒空而透，上筒端各有一飞鹤，炉下亦三足，别有铜盆承
之。(《洞天清录》)(铜篇器类章重见)

〔永和墓砖〕王逵知越州，修城卒暴民至发墓砖。钱公辅作倅视砖文有永
和年号，亦有孝子姓名者。先葬无主枯骨寻亦见掘矣。(《嘉祐杂志》)

第二章

陶　器

〖青瓷器〗青瓷器，皆云出自李王，号秘色；又曰出钱王。今处之龙溪出者色粉青，越乃艾色。唐陆龟蒙有《进越器诗》，云："九秋风露越窑开，夺得千峰翠色来。好向中宵盛沆瀣，共嵇中散斗传杯。"则知始于江南及钱王均非也。近临安亦自烧之，殊胜二处。（《云麓漫钞》卷十）

【秘色瓷器】今之秘色瓷器，世言钱氏有国，越州烧进为供奉之物，臣庶不得用之，故云秘色。比见陆龟蒙《进越器诗》云："九秋风露越窑开，夺得千峰翠色来。好向中宵盛沆瀣，共嵇中散斗遗杯。"乃知唐时已有秘色，非自钱氏始。（《侯鲭录》卷六）

〖古研容有陶者〗予友郭惟济君泽，居孝昌之青林。暑雨后，斜日射溪碛，焰有光，牧童掊取之，得一陶器，体圆，色白，中虚，径六七寸，一端隆起，下生轮廓，一端绕边列以齿，齿仍缺十六。以为枕也，不可用；忽得所安齿距地，酌水于轮廓间，隆起处可磨墨，甚良，方知古研容有陶者。君泽尝谓予曰："柳公权云：某州磁研为最佳。"予时年少，不能尽记，今追忆书之。（《麈史》卷下）

〖茧形瓶〗伯机云："长安中，有耕者得陶器于古墓中，形如卧茧，口与足出茧腹之上下，其色黝黑，匀细若石，光润如玉，呼为茧瓶，大者容数斗，小者仅容数合，养花成实。或云：'三代秦以前物，若汉物，则苟简不足观也。'……"（《癸辛杂识》别集卷上）

〔按〕按形制是"鸭蛋壶",又称"茧瓶"。鸭蛋壶始见于战国晚期,盛行于秦汉,绝迹于汉代中晚期。秦汉有在灰陶器上涂黑漆或褐漆的作法,目的是模仿漆器。汉代陶器有制作精匀、表面光滑的特点。上揭茧瓶可能是涂黑漆的汉代鸭蛋壶,非三代器。

〖**黄磁小褊瓶**〗主父齐贤者自言,少羁贫,客齐鲁村落中。有牧儿入古墓中求羊,得一黄磁小褊瓶,样制甚朴。时田中豆荚初熟,儿欲用以贮之,才投数荚,随手辄盈满,儿惊以告,同队儿三四试之皆然。道上行人见之,投数钱,随手亦盈满,遂夺以去。儿啼号告其父,父方筑田,持锄追行人及之,相争竞,以锄击瓶破。犹持碎片以示齐贤,其中皆五色画,人面相联贯,色如新,亦异矣。齐贤为王性之云。(《邵氏闻见后录》卷第二十七)

〔按〕看起来是个神话故事。当时所言"人面相联贯"又不免使人想到新石器时代的人面彩陶盆。

〖**长安古冢碧色大瓷器**〗中隐王正叔云:"王仲至帅长安日,境中坏一古冢,有碧色大瓷器,容水一斛,中有白玉婴儿,高尺余,水故不耗败,如新汲者。玉婴儿为仲至取去。"(《邵氏闻见后录》卷第二十六)

〔按〕青瓷在我国的历史可以追溯到商代。

三　泉币篇

【夏商铸钱】世言钱起于周太公九府圜法，《前汉志》云："凡货金钱布帛之用，夏殷以来，其详靡记。"汉《盐铁论》亦曰："夏后以贝，殷以紫石，后世或金钱刀布。"是周以前未用钱。仆观太公《六韬》曰："成王入殷，散鹿台之金钱以与殷民。"《史记》曰："纣厚赋敛，以实鹿台之钱。"又曰："散鹿台之钱以赈济贫民。"高谦之亦曰："昔禹遭大水，以历山金铸钱，救人之困。汤遭大旱，以庄山之金铸钱，赎人之卖子。"是三代皆已铸钱，不但周也。（《野客丛书》卷二十五）

【半两钱】今世有一样古钱，其文曰半两，无轮郭，医方中用以为药。考之《史记》，乃汉文帝时钱也。当时吴濞、邓通皆得自铸钱，独多流传，至今不绝。其轻重适中，与今钱略相似。视五铢货泉，又先二百年矣。五铢货钱，比今钱却稍轻。（《鹤林玉露》丙编，卷之三）

〖新莽"大黄布刀"〗新莽"大黄布刀"文，谱家皆云"布刀"，细观篆文，"刀"之中一点重，即"千"字也。此币有布形，无刀形，谓之刀，误也。况刀与布二物，不可得兼，曰千者，当千用之。（《云麓漫钞》卷二）

〖后魏孝庄时用钱稍薄〗后魏孝庄时用钱稍薄，高道穆曰："论今据古，宜改铸大钱，文载年号，以纪其始。"古钱中文有"太平五铢"、"太平百钱"，孙亮时亦有太平号，钱文所载则魏号也。（《云麓漫钞》卷二）

【铸钱】王观国《学林新编》云:"唐三百年,皆铸开元通宝,无怪乎此钱之多。至五代有天祐、天福、唐国等钱。而本朝专以年号铸钱。然宋通元宝、皇宋元宝,非年号者。宋通乃开宝时所铸,皇宋乃宝元时所铸。盖钱文不可用二宝字,故变其文也。"以上皆王说。予考后魏孝庄时,用钱稍薄。高道穆曰:"论今据古,宜改铸大钱。又载年号,以记其始。"然则以年号铸钱久矣,王说非也。(《能改斋漫录》卷四)

钱载年号之始(略)(《学斋占毕》卷二)

开元钱(略)(《学林》卷三)

76

【开元钱】世所传《青琐集·杨妃别传》,以为开元钱乃明皇所铸,上有甲痕,乃贵妃掐迹。殊不知唐《谈宾录》云:"武德中,废五铢钱,行开元通宝钱。此四字及书,皆欧阳询之所为。初进样,文德皇后掐一痕,因铸之。"故《唐书·食货志》亦云:"隋末行五铢钱,天下盗起,私铸行。千钱初重二斤,其后愈轻,不及一斤。铁叶皮纸,皆以为钱。高祖入长安,民间行线环钱,其制轻小,凡八九万方满半斛。武德四年,铸开元通宝,得轻重大小之中。"然则《杨妃别传》云尔者,其谬可知也。孔氏《杂说》亦言:"开元通宝,欧阳询撰其文并书。俗不知,遂以为明皇所铸。"按:《考异》云:"时窦后已崩,文德后未立。"今皆不取。(《能改斋漫录》卷三)

【开元、乾元二钱】仆尝怪开元钱流传至今四五百年,而于诸钱之中最佳且多,因而考之。唐之钱见于今者有二:开元通宝与夫乾元重宝。案《食货志》:"开元通宝,高祖时铸。径八分,得轻重小大之中。其文以八分、篆、隶三体。洛、并、幽、益、桂等州皆置监。赐秦王、齐王三鑪,右仆射裴寂一鑪。高宗复行开元通宝钱。天下皆铸之。玄宗亦铸此钱。京师藏皆遍天下。而乾元重宝钱,肃宗命第五琦铸。钱径一寸,每缗重十斤。与开元通宝参用。以一当十。琦为相后,命绛州铸此钱。径一寸二分,每缗重二十斤。与开元通宝并行。以一当十。"乾元钱惟肃宗朝铸,而开元钱铸于累朝,所以至今尚多。(《野客丛书》卷八)

【开元通宝】唐《食货志》云："武德四年,铸'开元通宝',钱径八方,重二铢四参,积十钱重一两,得轻重大小之中。其文以八分、篆、隶三体。"又云:"开元二十六年已后,钱甚恶,诏所在置监铸'开元通宝'钱,京师库藏皆满。肃宗上元元年,以'开元'旧钱一当十。"

孔毅夫云:"'开元通宝'钱,给事中欧阳询撰其文并书,回环可读,俗不知以为'开元'钱明皇所铸。《六典》谓之'开通元宝'。"司马光云:"薛珏《唐圣运图》云:'初进蜡样,文德皇后掐一甲,故钱上有甲痕焉。'"凌璠《唐录政要》以为窦皇后。是时窦后已崩,文德后未立,今皆不取。李审言《记闻》云:"唐之钱文如'乾元'、'开元'曰重宝、通宝,世俗浅者有云'乾重'、'开通',朝士尚有如此言者,尤可笑也。"

马永卿云:"'开元通宝',盖唐二百八十九年独铸此钱,洛、并、幽、桂等州皆置监,故开元钱如此之多,而明皇记号偶相合耳。"(《西溪丛语》卷下)

77

古泉货(略)(《纬略》卷九)

〖熙宁中发地得"顺天"、"得一"钱〗熙宁中,尝发地得大钱三十余千,文皆"顺天"、"得一",当时在廷皆疑古,无"得一"年号,莫知何代物。予按《唐书》:"史思明僭号,铸顺天、得一钱。""顺天"乃其伪年号,"得一"特以名铸钱耳,非年号也。(《梦溪笔谈》卷十九)

【得一顺天钱】庞元英《文昌录》曰:"后唐同光三年,洛京蕃汉马步使朱守殷,于积善坊役所得古文钱。四百五十六文'得一元宝'。四百四十文'顺天元宝'。"沈存中《笔谈》亦曰:"熙宁中,发地得大钱三十余千。钱文皆曰'顺天'、'得一'。"仆考《唐书志》,史思明据东都,铸得一元宝钱,径一寸四分,以当开元通宝之百。既而恶"得一"非长祚之兆,改其文曰"顺天元宝"。庞始疑史传无此年号,后得钱氏《钱谱》,乃知史思明铸。仆谓此见《唐书》甚明。元英其未考邪?仆家旧有"得一元宝"一钱。字文方重如颜体。轮郭甚古。后为好事者取去。今此二钱,人家往往有之。(《野客丛书》卷三十)

【顺天得一】元丰间,庞懋贤元英为主客郎,尝著《文昌杂录》,内一条,以不知"得一顺天钱"铸于何代为言。书成后,又言:"近得于朝士王仪,家有钱氏《钱谱》,乃史思明所铸,初以'得一'非长祚之兆,乃改'顺天'。"辉于洪氏见二钱,文皆汉隶,径寸四分,以一当"开元通宝"之百,而李谱复云:"思明销洛佛铜所铸,贼平无所用,复以铸佛。今所余,伊洛间甚多。"视钱之谱为详。以是知诚有益于末闻,好事者党裒诸家所谱,更考近世圜法沿革,萃为一帙,板行于世,不亦善乎?(《清波杂志》卷七)

〖石勒得一鼎〗石勒得一鼎,容四斗,中有大钱三十文。(《密斋笔记》卷四)

〖汉晋人葬多瘗钱〗汉晋人葬多瘗钱,往往遭发掘之祸。如盗发孝文园瘗钱是也。后人偶掘地得钱,谓之掘著窖子。今之五铢,世谓之古老钱,皆汉所瘗者。唐鉴发掘之祸,易以楮钱。亡者之幸也。李景让始贫,治墙,得积钱。僮仆奔告。其母郑曰:"士不勤而禄,犹灾及其身。况无妄而得。我何堪?"亟命闭坎。贤哉母也。(《猗觉寮杂记》卷下)

〔按〕在汉代,用铜钱陪葬成了风尚,尤以东汉陪葬的铜钱数量大。

〖藏古钱〗叶森曾见褚弟子马虚中出示褚所藏诸古钱,皆作粉牌,缀钱于上,下书其文。褚有多佳品玩,如金钿天尊像,古编钟鼎彝器之类。(《云烟过眼录》卷二)

【钱谱】辉家藏《历代钱谱》十卷,乃绍圣间李孝美所著。盖唐人顾烜、张台先有纂说,孝美重修也。周秦后钱之品样,具著于帙,是特见于形似尔。亲党洪子予,收古泉币数十百种,自虞夏以降,一无遗者。每出示坐客,道所以然,皆有依据。大抵古钱轮郭皆重厚,叩之有声。虽王莽小钱,名径六分、重一铢,然亦不致轻薄。岂上古鼓铸但求精致,初不计铜齐耶?洪死,尝叩其子,云:"悉举入棺矣。"或言其家虑为势力者攘取,故为之辞。(《清波杂志》卷七)

〔按〕《清波杂志》刘永翔校注云:"《郡斋读书志》卷一四《类书类钱谱》云:'梁顾烜撰《钱谱》一卷,唐张台亦有《钱录》二卷。皇朝绍圣间,李孝美以两人所纂舛错,增广成十卷,分八品云。'辉谓顾烜为唐人,误。"

四 璽印篇

【古印章】古之居官者必佩印,以带穿之,故印鼻上有穴,或以铜环相绾。汉印多用五字,不用擘窠篆、上移篆,画停匀,故左有三字,右有二字,或左二字右三字者。其四字印则画,多者占地多,少者占地少。三代以前尚如此,今则否。(《洞天清录》)

〔按〕此段文字考查了古玺印印纽的作用和汉印文字排列规律。古玺印有纽穿孔以系印绶,方便随身携带,隋唐以后官印渐大,不再随身携带。至宋代,因为小篆难以布满整个印面,因此玺印字体上也有了变化,开始使用一种屈曲的篆书。

〖印文榜额有"之"字〗今印文榜额有"之"字者,盖其来久矣。太初元年夏五月正历,以正月为岁首。色尚黄。数用五。注云:汉用土,数五。五谓印文也,若丞相曰丞相之印章,诸卿及守相印文不足五字者,以"之"字足之。仆仕于陕洛之间,多见古印。于蒲氏见廷尉之印章,于司马氏见军曲侯丞印。此皆太初以后五字印也。后世不然,印文榜额有三字者,足成四字。有五字者,足成六字。但取其端正耳,非字本意。(《嬾真子》卷三)

〖汉印"之"字〗世传艺祖登内南门,指牌上"之"字问近臣,用此字何义,或对是助语。艺祖云:"之乎者也,助得甚事!"命去之。按《史记》武帝太初元年更印章以五字,张晏注:"汉据土德,土数五,故用五为印文,若丞相曰'丞相之印章',诸卿及守相印文不足五字者,以'之'字足之。"自后习见为常。门名云"正

阳之门"，大类一印，便觉文弱，如尚书省、枢密院、诸路军额，不用"之"字，则知赘矣。(《云麓漫钞》卷二)

印文扁榜添"之"字(略)(《演繁露》卷五)

印文榜额有"之"字(略)(《示儿编》卷十二)

【印名玺】蔡邕《独断》云："玺，印也，信也。天子玺，白玉，螭虎纽。古者尊卑共之。"春秋襄公二十九年左氏《传》："季武子取卞，使公冶问玺书，追而与之。"杜预曰："玺，印也。"《月令》曰："固封玺。"季武子使公冶问玺书，此诸侯大夫印皆称玺也。汉卫宏云："秦以前，民皆以金玉为印，唯其所好。自秦以来，唯天子之印独称玺，又以玉，群臣莫敢用也。"按《周礼》："掌节，货贿用玺节。"郑康成曰："今之印章也。"则周时印已名玺，但上下通用。以上并见《左氏传疏》。今宏以为天子独称玺，何哉？又按《初学记》云："《春秋合诚图》曰：'尧坐舟中，与太尉舜临观。凤凰负图授尧，图以赤玉为柙，长三尺，广八寸，黄玉检，白玉绳，封两端。其章曰天赤帝符玺五字。'"则尧时印已名玺矣。本朝徽宗尝赐宰臣蔡元长涂金银铸公相印一纽，前古所无也。(《能改斋漫录》卷一)

【燕子城铜印】……又保定府之西有易州，即郭药师起兵处，在易水北，州东南有故城，土人号曰"燕子城"。有人耕于城中，得小铜印数十枚，一好事者购得赵云之印，一纽不盈寸，篆十字，极精好。伯机得一印于焦达卿处，古文二字莫有识者。其最可怪者，或一锸土凡得数枚，莫知其所以然也。(《癸辛杂识》别集卷上)

〖关外侯印、荡虏将军章、横武将军印、新迁长印〗亡友薛叔器家有"关外侯"印，甚奇古。后考之，魏建安二十三年尝置此名也。又友人家有"荡虏将军"章，及明清有"横武将军"印，皆不可考。伯氏有"新迁长"印，后考《前汉书》，乃新室尝以上蔡为新迁也。……(《挥麈录》前录卷之三)

〖关外侯印〗仆仕于关中，尝见一方寸古印，印文云："共外侯印。"其字作古隶，气象颇类受禅碑。仆意必汉末时物也。然疑只闻有关内侯，不闻有关外侯。后于《魏志》见之，建安二十三年始置名位侯十二级，以赏军功，共外侯乃其一也。注云："今人虚封，盖始于此。"（《嬾真子》卷三）

〖汉"辑濯丞"印〗政和中，仆仕关中。于同官蒲氏家，乃宗孟之后，见汉印文云："辑濯丞。"印文奇古，非隶非篆，在汉印中最佳。辑濯乃水衡属官。"辑"，读如楫。"濯"，读如棹。盖船官也。水衡掌上林，上林有船官。而楫濯有令丞。此盖丞印也。然皆太初元年已前所刻，太初已后皆五字故也。（《嬾真子》卷五）

〖"祭尊"印〗濔水李氏云，古印有文曰"祭尊"，非姓名，乃古之乡官也。《说苑》载乡（鄉）官，又有祭正，亦犹祭酒也。（《困学纪闻》卷八）

〔按〕汉印。1988 年陕西省临潼县雨金镇赵曲村一汉墓出土一枚方形铜印，印通高 1.5 厘米，边长 2.2 厘米，阴文篆刻"张祭尊"三字，系私印（详见林泊《陕西临潼新出土几枚汉代印章》，《考古》1993 年第 11 期）。

〖"汉叟邑长"印〗古印文有"汉叟邑长"。《说文》叟作"宎"。《书·牧誓》注云："西属叟。"孔颖达曰："叟者，蜀夷别名。"东汉兴平元年，马腾等谋诛李权，益州牧刘焉遣叟兵五千助之。叟邑，汉蜀夷地名。（《云麓漫钞》卷二）

〔按〕东汉兴平元年事，原文作"取诛李傕"，查《后汉书》当为"李权"，据此改。

〖古印文多云"臣某"〗古印文多云"臣某"者，说者谓秦汉已前，与人往复皆自称臣，不必君前；东汉而下，史传中方无泛称臣者；其间又有"臣某言事"、"臣某言疏"，此则彻于君前无疑。（《云麓漫钞》卷二）

〖汉印皆方寸〗汉印皆方寸，今观之，差殊不等，岂人自为度，不必较以官

尺耶？（《云麓漫钞》卷二）

〖寿亭侯印、关南司马印〗《荆门军图经》，关将军庙在当阳县玉泉山。绍兴初，潭州人有得其印于水者。二十有三年，寺僧法源白于高使君，得公牒，之潭取之，归于寺。其文为"寿亭侯印"四字，方广一寸有半，其上有穿，穿有环，广如其印；又其上，并二环，各广七分，加其半以为之长，色皆刚莹异常。铜环，古所以佩也。三十有二年，艮斋谢先生自夷陵考试回，尝见之。荆门太守王公录云："余幼时，侍先公为湖南提举，常平时，得观之，印方二寸余，纽上有双环，阔可六七寸，篆不古，非汉魏间字体，莫可推晓。"或云：晋宋以下，别有封寿亭侯者，亦未可知。予以庆元中，因职事，尝于左藏封椿库见之，如其制。又有"关南司马"一印，字皆作叠篆，不知何时在左藏，则是别有此二印也。毗陵人张驹千里好古，曩尝云："建炎二年六月，复州宝相禅院因科修城木，于三门前大树下，劂四尺余，得此印，环上刻'建安二十年寿亭侯印'。"今环上却无此字，又与荆门军所载不同。（《云麓漫钞》卷五）

〔按〕《通典·职官》十三："自献帝建安初，封曹操为寿亭侯，亭侯之制，自此始也。"1979年，山东滕县曾出土一批铜印，其一种印文为"永贵亭侯"。

【寿亭侯印】荆门玉泉关将军庙中，有寿亭侯印一钮，其上大环，径四寸，下连四环，皆系于印上。相传云：绍兴中，洞庭渔者得之，入于潭府，以为关云长封汉寿亭侯，此其故物也，故以归之庙中。南雄守黄兑见临川兴圣院僧惠通印图形，为作记。而复州宝相院又以建炎二年，因伐木，于三门大树下土中深四尺余，得此印，其环并背俱有文云："汉建安二十年寿亭侯印。"今留于左藏库。邵州守黄沃叔启庆元二年复买一钮于郡人张氏，其文正同，只欠五系环耳。予以谓皆非真汉物，且"汉寿"乃亭名，既以封云长，不应去"汉"字，又其大比它汉印几倍之。闻嘉兴王仲言亦有其一。侯印一而已，安得有四？云长以四年受封，当即刻印，不应在二十年，尤非也。是特后人为之以奉庙祭，其数必多。今流落人间者，尚如此也。予为黄叔启作辨跋一篇，见《赘稿》。（《容斋随笔》四笔卷八）

〖汉寿亭侯印〗绍兴中，洞庭渔人获一印，方仅二寸，其制甚古，纽有连环四，两两相贯，上有一大环总之，盖所以佩也。渔者以为金，竞而讼于官。辨其文，乃"汉寿亭侯"四字。关云长为汉寿亭侯，人疑必其物也。遂留长沙官库。守库吏见印上时有光焰，因白于官，乃遣人送荆门军关祠中，光怪遂绝。淳熙四年，玉泉寺僧真慈将献之东宫，印已函而未发，忽光焰四起，众皆惊愕，遂不复献。(《云谷杂记》卷三)

〖今人地中得古印章〗今人地中得古印章，多是军中官，古之佩章，罢免迁死，皆去印绶；得以印绶葬者极稀。土中所得，多是没于行阵者。(《梦溪笔谈》卷第十九)

〔按〕这是对当时出土古玺印来源的一种推测。近人罗福颐先生《古玺印概论》把传世古玺印的由来概括为六种：一，职官迁、死必解印绶；二，战役中虏获印章必上缴；三，官印有为战争中殉职者遗物；四，官印有为战败流亡者所遗弃；五，宋有赐官印随葬的规定；六，唐以来处理废印的记载。文中提及《梦溪笔谈》该段文字，认为："这种说法只是得其一面，仅指下级军官如'军司马印'，'假司马印'，'军曲侯印'，'军假侯印'之类，可能有的为殉职者遗弃沙场的。"

〖古印文作白字〗古印文作白字，盖用以印泥紫泥封诏是也。今之米印及印仓敖印近之。自有纸，始用朱字，间有为白字者，或不知其义。(《云麓漫钞》卷十二)

〖玺考〗《左传》襄公在楚，武子使季冶问玺书而与之。此诸侯大夫称玺也。秦长信侯毐作乱而觉，矫王玉玺及太后玺。此天子称玺也。注：玺者，印信也。天子玺，白玉螭虎纽。惟其所好云。秦得卞和所献玉，命丞相李斯篆书，诏工人孙寿用蓝田玉作，其文云："受命于天，既寿永昌。"秦王子婴献之高祖，传至平帝。王莽篡位，从元帝王皇后求玺，莽逼取之，后怒投之地，鼻螭一角与足折，至今一角小缺。至东汉献帝出奔，玺则失之。后三国鼎立，时有"假版天子"之语,故皆云得玺。孙坚以谓得之洛阳甄官井,袁术拘坚夫人吴氏取之不获。荆州刺史以谓得之袁氏,送之许昌,魏太祖于其侧又刻小篆曰:"魏所受汉传国玺。"晋受魏禅,不闻得玺。五胡乱华,往往窃造。魏太武始光七年夏四月,毁邺城五层浮屠,云于泥像中得玉玺二,文曰:"受命于天,既寿永昌。"其一刻其旁曰:"魏所受汉传国玺。"则知此玺乃元魏时为之,比人不知考。曹操虽为汉丞相,至子丕方受汉禅,不应操于为丞相时,先取其宝,刻云"魏所受汉传国玺",其理甚明。元魏但欲以为魏有国之符,而又玺上立一雀,形状不古,则知董卓之乱,焚烧宫室,帝出奔,此玺已亡。至唐高祖得隋禅,亦不言得玺。太宗贞观十六年,始刻受命玺,白玉螭首,文曰:"皇天景命,有德者昌。"详其文,即是依仿秦玺文为之。长寿二年,改玉玺为宝。神龙元年,复为玺。天宝十载,制八宝。五代之乱,清泰之亡,累朝宝玉,秉界炎火。故邪律德光入汴求玺,少帝云:"先帝受命,旋令玉工制造。"则知后来所造伪玺,亦皆亡矣。崔《谱》又云:"秦玺两面皆有文。"不知何据,文如前。周广顺中始造二宝,曰"皇帝承天受命之宝"、"皇帝神宝"。太祖受命,传其二宝。太宗又别制"承天受命之宝",用玉,篆文,广四寸九分,厚一寸二分,填以金,盘龙纽,系以晕锦大绶,赤小绶连环,玉检高七寸,广二寸四分,厚四分,玉斗方三寸四分,厚一寸二分,皆饰以金环,以红锦加红罗泥金夹帕,纳于小盝,以金装,内设金床晕锦褥,饰以杂色玻璃、碧钿石、珊瑚、金精石、玛瑙;又盝二重,皆装以金,覆以红罗绣帕。载以腰舆及行马,并饰以金。朝会陈于御坐前,大礼则列于仗。真宗又改"皇帝受命"为"皇帝恭承天命之宝"。元符元年春正月甲寅,永兴军咸阳县民段义剧地得古玉印,诏尚书礼部、御史台、学士院、秘书省、太常寺官定验以闻。三月丙辰,翰林学士承旨蔡京等奏:"奉敕讲议定验咸阳民段义所献玉玺,义称:'绍圣三年十二月,内河南乡刘银村掘土得之。'臣等按,所献玺,色绿如蓝,温润而泽,其文曰'受命于天,既寿永昌',其背皆螭纽五盘,纽间亦有贯组小窍,其面检文,与玺相合,大小不差毫发,篆文工作皆非近世所为。臣等以历代正史考之,玺之文曰'皇帝寿昌'者,晋玺也;曰'受命于天'者,后魏玺也;'惟德允昌'者,石晋玺也。则'既寿永昌'者,秦玺可知。今得玺于咸阳,其玉乃蓝田之色,其篆与李斯小篆体合,饰以龙凤鸟鱼,其虫书鸟迹之法,与今传古书莫可比拟,非汉以后所能作,明矣。今陛下嗣守大宝,而神玺自出,其文曰'受命于天,既寿永昌',则天之所畁,乌可忽者！晋汉以来，得宝鼎瑞物，犹告庙改元，肆眚上寿，况传国之器乎？其缘宝法物礼仪，乞下所属施行。”诏礼部太常寺考按故事详定以闻。有司讨论故实来上，择日祗受，改元曰元符，大赦天下，百僚称贺。《国史补》：“国初创业艰难，诸宝多阶石为之。元丰中诏依古作天子皇帝六玺，而玉时未成。大观初始得玉工之善者琢之，但叠篆而已，亦不大良。又元符初，得汉传国玺，实秦玺，乃蓝田玉，李斯之鱼篆也，其文曰‘受命于天，既寿永昌’，然独得玺而无检，螭又不缺，疑其一角缺者乃检也。自有玺传，考验甚详，传于世上。独取其文，而黜其玺不用，因自刊受命宝，其方四寸有奇。时又得古小玉印，文曰‘承天福，延万亿，永无极’者，上又以其文仿李斯鱼虫篆作宝，大将五寸，为螭纽。盖鲁公命季俦以意教之。《受宝记》言‘有以古篆进’者，谓是也。名为镇国宝，与受命宝为二宝，合天子皇帝六玺，是为八宝。乃于大观二年元日受之，上自为之记焉。”鱼虫篆者，始于李斯，以古帝之瑞，若所谓皇帝之大蚓，有虞氏之凤凰，周之赤鸟白鱼，杂肖其形而为之篆尔。其后从于阗国求大玉，一日，忽有国使奉表至。故事学士院召译者出表语，而后为答诏。其表有云：“日出东方，赫赫火光，照见西方五百国，五百国条贯主师子黑汗王表上日出东方，赫赫火光，照见四天下，四天下条贯主阿舅大官家：你前时要者玉，自家甚是用心，只为难得似你尺寸底。自家已令人两河寻访，才得似你尺寸底，便奉上也。”当时传以为笑，久果得之，厚大逾二尺，色如截肪，昔未始有也。上又制一宝，亦螭纽，曰“范围天地，幽赞神明，保合太和，万寿无疆”，凡十六字，实命鲁公赋其文，篆亦鱼虫，然韵颇不古，乃梁师成所主，命睿思殿文字外库人为之，不知为何人书也。至于制作之工，则几于秦玺矣。其宝大九寸，有检，亦九寸，古人所无，号曰“定命宝”，合前八宝为九，下诏，以乾元用九焉。又于政和八年元日受之，凡两受宝，皆赦天下。上曰：“八宝者，国之神器也。至于‘定命宝’，乃我受命所自制者也。”居常赦文前后皆翰林学士主之，其间事目与行文，乃中书门下诸房排定进呈，独大观八宝赦乃鲁公多自草，故异于常赦。靖康之变，悉不存。隆祐太后遣孟忠厚以“大宋之宝”奉迎高宗。本朝故事，虽存前代之制，常所用曰“书诏之宝”，书诏则用之；“御书之宝”，宸翰则用之；“御前之宝”，宣命缄封则用之；奏钞则用“天下合同之宝”，祭祀则用“皇帝恭承天命之宝”，六。谨按《汉官仪》，天子不佩玺，侍中组负以从。秦以前为方寸玺。卫宏亦云：“秦以前为方寸玺，秦以来天子独称玺,玺又以玉,群臣莫得用。"《徐璆传》:"献帝迁许,璆以廷尉徵,当诣京师,道为袁术所劫。术死军破,璆得其盗国玺还许,上之。司徒赵温谓曰:'君遭大难,犹存此邪?'璆曰:'昔苏武困于匈奴,不坠七尺之节,况此方寸印乎?'"《吴书》亦云"方围四寸"。则知秦玺方寸耳。后之玺大若此,其为伪无疑,后世转相仿效,不胜其繁。善乎,昌黎子之言曰:"若传国玺,狂嬴贼斯,童心侈意而为之。"又曰:"卞玉之玺,何代而不传,何伪而不得?"旨哉!噫!圣人大宝曰位,苟能畏天修己,不以富贵无敌为乐,而以勤俭保邦为务,皇天眷作,神器永归,奚用泥于得秦玺哉!享国之久,莫过三代,初未闻凭藉于无情之金石也。偶得元符玺,又并石刻诸玺,文模于前,以证谱家之谬,祛后来之惑,以贻博识者云。(《云麓漫钞》卷十五)

〖玉印一钮〗玉印一钮,方二寸,厚一寸,把手又高寸许,一璞所成,其文曰:"阳平治都功印。凸。"钻碾甚精美,玉色温润。(《云烟过眼录》卷四)

〖周恶夫印〗……又有获玉印遗之者。其文曰:"周恶夫印。"公(刘原甫)曰:"此汉侯印。尚存于今耶?"或疑而问之,曰:"古亚、恶二字通用。《史记》卢绾之孙他人封亚谷侯,而《汉书》作恶谷是矣。"闻者始大服。固疑史条侯名遂作恶父之亚音未必然。春秋魏有丑夫,卫有良夫,盖古人命名皆不择其美称,亦多有以恶名者。安知亚夫不为恶夫也。(《避暑录话》卷下)

〔按〕或以为陕西省咸阳市杨家湾四号墓和五号墓即周恶夫父子的墓。汉代盛行以官印或者私印陪葬。

〖玉玺记〗天子八宝,其二曰"受命宝",所以修封禅、礼神祇也,今言玉玺记。玉玺者,传国玺也。秦始皇始取蓝田玉,刻而为之,面文曰:"受命于天,既寿永昌。"玺上隐起为盘龙文曰:"受天之命,皇帝寿昌。"方四寸,钮钩五龙盘。秦灭传汉,历王莽,为元后投之于地,遂一角缺。后传至石季龙,季龙磨其隐起之文,又刻其傍为文云:"天命石氏。"开皇二年,琢为受命玺。(《珩璜新论》)

【八宝】自秦得和氏之璧,以为传国玉玺,其文曰:"受天明命,既寿永昌。"

后子婴捧以降高祖于轵道者是也。在汉则符玺令掌之。增为六玺。至晋惠帝北征，亡失六玺。石季龙得之，遂改其文曰："天命石氏"。迨唐，亦有符宝郎。而五代唐末帝，遭乱携以自焚。故郭周重造八宝，而以天下传本朝，谓"受命之宝"、"镇国神宝"、"天子之宝"、"皇帝之宝"、"天子行宝"、"皇帝御宝"、"天子信宝"、"皇帝信宝"，且各有所用。如受命之宝，惟封禅用之，其它各朝，增置殿宝不在此数。（《朝野类要》卷一）

〖玉玺〗绍圣元年，咸阳县民段吉，夏日凌晓雨后，粥菜村落中，立何人门，足陷地，得玉玺一，玉检。玉玺方四寸，篆文如凤鸟鱼龙之形，曰："受命于天，既受永昌。"按《玉玺记》，秦始皇得卞氏蓝田玉，刻以为玺，命丞相李斯篆文云云。又王莽逼元后取玺，后投之地，故一角缺，验之皆合。唯《记》云"玉色黄"，此青苍色耳。盖汉高祖至霸上，子婴素车降轵道所上者，世世传受，号曰"传国玺"。董卓徙都关中，孙坚入洛，得于城南井中。至梁朱全忠后，始失所在，全忠以下，多都汴洛，今玺尚出于秦。又云：背亦刻"受天之命，皇帝寿昌"八字，则无之。又不云有玉检为异，有司来上，庭议以为瑞，改元元符，命段吉以官，至靖康国破，敌取以去矣。和氏玉见蔺相如语中，璧也其可刻以为玺邪。（《邵氏闻见后录》卷第二十六）

【秦玺文玉刻】《古器物铭》载此玺文，云得于河内向氏家，援集古印格所载，谓是秦玺。按《金石录》："元符中咸阳获传国玺。初至京师执政，以示故将作监李诚，诚手自摹印二本，以一见遗。"又蔡绦《铁围山丛谈》载元符所得乃汉玺，其文曰"承天福延万亿永无极"九字。而此玺文乃曰"受命于天，既寿永昌"，二文不同。则知赵明诚盖未尝见秦玺也。按《晋书》载此玺自汉传至晋，逮永嘉末年，玺为石勒所收，勒既败灭，玺失所在。后戴施得之，归于东晋，但其玺文乃云"受天之命，皇帝寿昌"，非是旧文矣。又历六朝至隋氏，隋之平陈复得旧玺，乃更名前者谓之神玺。又传五代，后唐王从珂自焚，玺亦毁弃。即此则与续刻咸已失之。余窃详二玺，各是一物；及诸家谱书乃谓通是一玺，背面有异文，非也。二者疑皆魏晋所刻，而秦玺不存久矣，后有得者，盖非古物。近嘉定己卯岁，贾涉节制河北，申缴到蒙古大将博勒呼献一玺，文曰"皇帝恭膺，天命之宝"，篆刻甚得古意,然非旧物。或谓真庙日天书降后所刻,却有此理。意者,金人自汴京携至燕山,北都既破,为蒙古人所得耳。檟尝闻诸老先生议论,谓自昔陋儒谓秦玺所在为正统,故契丹自谓得传国玺,欲以归太祖皇帝。太祖不受曰:"吾无秦玺,不害为国,且亡国之玺何足贵乎?契丹畏服圣性高明、持正刚直。如此亦可谓度越前古而贻范于方来矣。(《负暄野录》卷上)

【先君言玉玺】先君言:玉玺,旧有六而已,其文曰"皇帝之宝"、"皇帝行宝"、"皇帝信宝"、"天子之宝"、"天子行宝"、"天子信宝"。虽各有所施,其宝皆藏而不用。凡诏书,别铸"书诏之宝",而内降手札及与契丹国书,用"御前之宝"而已。至绍圣末,得秦玺,青玉也,文曰"受命于天,既寿永昌",故改元元符。崇宁中,又获一玺,文曰"受命于天,既寿亿,永无极",莫知何代物。然此二玺及祖宗时六玺,皆朴质,亦不甚大。蔡京乃请别求玺材,即用旧文重书刻之,谓八宝,皆美玉大璞,绝胜旧宝。然篆文皆以意造,为虫、鱼、鸟、兽、龙、蛇之形,笔意华藻柔弱,无复古法矣。又得玉璞绝大者于于阗,色如凝脂,玉工皆谓目所未睹,乃琢以为玺,经九寸,细为九龙,文曰"范围天地,幽赞神明,保合太和,万寿无疆",谓之定命宝,冠八宝之上,总称九宝。定命者,时方兴神霄之事,言神霄帝君赐上定命,故以名宝。置符宝郎,又以内臣为内符宝郎,緘启沐浴,皆以内符宝郎司之,所谓符宝郎者,莫得与也。(《家世旧闻》卷下)

〔按〕《游宦纪闻》卷五:"大观中,添创八宝,从于阗国求大玉。一日,忽有国使奉表至。故事,下学士院,召译表语,而后答诏。其表云:'日出东方,赫赫大光,照见西方五百国,五百国条贯主,师子黑汗王,表上日出东方,赫赫大光,照见四天下,四天下条贯主,阿舅大官家:你前时要者玉,自家甚是用心力,只为难得似你尺寸底。自家已令人两河寻访,才得似你尺寸底,便奉上也。'当时传以为笑。后果得之,厚大逾二尺,色如截肪,昔未始有也。"即所谓"玉璞绝大者"。

【六玺】蔡邕《独断》曰:"皇帝六玺,皆玉,螭虎纽,文曰'皇帝行玺'、'皇帝之玺'、'皇帝信玺'、'天子行玺'、'天子信玺'、'天子之玺',皆以武都紫泥封之。"又《国玺谱》曰："传国玺是秦始皇初并天下所刻,其玉出蓝田山,丞相李斯所书,其文曰:'受命于天,既寿永昌。'高祖至霸上,秦皇子婴献之。至王莽篡位,就元后求玺不与,以威逼之,乃出玺投地,玺上螭一角缺。及莽败,李松持玺诣宛上更始。更始败,玺入赤眉。刘盆子既败,以奉光武。"又《西京杂记》云:"中书以武都紫泥为玺室,加绿绨其上。"又《吴书》云:"孙坚前入雒阳,令人入井,探得汉传国玺,方圆四寸,上钮交玉龙,上一角缺。初,黄门张让等作乱,天子出奔,左右分散,掌玺者以投井中。袁术将僭号,闻坚得玺,乃拘坚夫人而夺之。"又,太康初,孙皓送金玺六枚。案传国玺不在六玺之数,应氏《汉官仪》、皇甫《世纪》,其论六玺文义皆符。《汉官》传国玺文曰:"受命于天,既寿且康。""且康"、"永昌",二字为错,不知二家何者为得? 吴时无能刻玉,故天子以金为玺。玺虽以金,于文不异。曩所得六玺者,乃古人遗印,不可施用也。(《靖康缃素杂记》卷七)

天子服玺(略)(《演繁露》卷九)

玺(略)(《学林》卷四)

〖国玺〗孔经父《杂说》,记天子八宝,其一曰受命宝,所以修封禅、礼神祇也。徐令《玉玺记》:"玉玺者,传国宝也。秦始皇取蓝田玉,刻而为之。面文曰:'受命于天,既受永昌。'玺上隐起蟠龙文曰:'受天之命,皇帝寿昌。'方四寸,纽五龙盘。秦灭,传汉历王莽,为元后投之于地,遂一角阙。后传至石季龙,季龙磨其隐然之文,又刻其傍为文曰:'天命石氏。'开皇二年,改为受命玺。至唐末帝从珂,携以自焚。石晋再作受命宝曰:'受天明命,惟德允昌。'契丹入,盗而取之。至周郭威,更以玉作二玺。其一曰'皇帝承大命之宝',二曰'皇帝神宝'。其文冯道书。今所用,乃郭威所作宝也。"以上皆《杂说》所载,余以为失。窃尝究其本末,盖秦玺自汉以来,世世传受,号称国玺。自秦传汉,汉末为王莽所篡。莽传更始刘盆子,盆子传后汉。董卓之乱,孙坚得之井中。坚败,袁术拘坚妻得之。术败,徐璆得之,传与汉,汉传魏,魏传晋,晋传刘聪、刘曜。曜败,为石季龙所得,遣赵封送于石勒。考于传记,各有付授之文。及传至石氏,而季龙僭号,自襄国迁邺,反据雍洛。石遵、石鉴,相继篡夺,而只在襄国。慕容隽传:"有诏石闵使常炜云：'玺在襄国，信否？'炜曰：'实在寡君。'"谓在闵也。及考石闵送晋玺，乃"皇帝寿昌"玺。则闵玺非秦玺也。以此考之，石季龙之乱，石遵、石鉴相篡夺，遂失所在。今孔氏《杂说》乃以为传至五代，唐末帝从珂携以自焚，盖亦不善考者也。（《能改斋漫录》卷四）

〖孔琳之建议众官印即用一印〗孔琳之当亘元时，建议曰："古者皇王传国之玺，及公侯袭封之印，皆奕世传用，无取改作。今世惟尉之一职独用一印，至于内外群臣每迁悉改，终年刻铸，金、银、铜、炭之费不可胜言。愚请众官印即用一印，无烦改作。"（《演繁露》卷一）

【晋惟尉用一印】晋世官府印章不用故者，每除任则重铸，非若今之官府专用一印也。观孔琳之于义熙末建言："今世惟尉一职，独用一印。至于内外群官，每迁悉改，终年刻铸，丧功消实。金银铜炭之费，不可胜言。愚请众官即用一印，无烦改作。仰裨天府，非惟无益。"观此，知晋世惟尉用一印，他官不然。（《野客丛书》二十五）

〖废印〗予治平初，同判尚书礼部，掌诸处纳到废印极多，率皆无用。按唐旧说，礼部郎中掌省中文翰，谓之"南宫舍人"，百日内须知制诰。王元之《与宋给事诗》云："须知百日掌丝纶。"又谓员外郎为"瑞锦窠"。员外郎厅前有大石，诸州府送到废印，皆于石上碎之。又图写祥瑞，亦员外郎厅所掌。令狐楚元和初任礼部员外郎，有诗曰"移石几回敲废印，开箱何处送新图"是也。今之废印，宜准故事碎之。（《春明退朝录》卷上）

〖汉时印绶非若今之金紫银绯〗汉时印绶非若今之金紫银绯，长使服之也。盖居是官则佩是印绶，既罢则解之，故三公辈上印绶也。按后汉《张奂传》云"吾前后仕进十要银艾"，"银"即印，"艾"即绿绶也，谓之"十要"者，一官一佩之耳。印亦不甚大，淮南王曰"方寸之印，丈二之组"是也。晋时妇人亦有印绶，虞潭母赐金章紫绶是也。（《珩璜新论》）

【唐言金印】欧公《集古录》曰："崔能神道碑，李宗闵撰，有云'拜御史中丞，持节观察黔中，赐紫服金印'者。隋唐有随身鱼，而青紫为服色。宗闵谓赐金印者，谬也。"仆谓唐人言金印者甚多，不但宗闵而已。《刘禹锡集》高陵令碑亦曰："充渠堰副使，锡朱衣银章。"王公碑曰："摄御史中丞，紫衣金章。"史孝章碑曰："兼监察御史，赐朱衣银印。"《柳子厚集》阳道州碣曰："皇帝以银印赤绂，即贬所起阳公。"柳公墓表曰："迁大理评事，加朱裳银印。"《张燕公集》郭知运碑曰："嗣子英杰，假紫服金章。"似此不一。盖以当时服色言之，非真所谓汉印绶者。（《野客丛书》卷二十六）

五

玉篇

〖古礼玉〗古礼用玉甚多,而玉不乏,或疑古玉多于后世,是则然矣。然而有说也。《说文》玉部:案《礼》,天子用全纯玉也;上公用駹,四玉一石玉;侯用瓒;伯用将,玉石相半也。然则瓒、将云者,其质半玉半石,而駹者,五分其质,四分为玉,一分为石也。然则古之礼玉,惟天子所用,通体是玉,若其间杂之以石则不用也。自上公以降则駹、瓒、将之质,虽不免杂之以石,亦入用也。则其礼用虽多,凡半珉半玉,亦入用也。绍兴十三四年间,或于会稽禹庙三清殿前发地,得瘗玉。官寺初未之知,人多分取,及县官知而录之,止余四物。其一苍璧也,色带青,一边有土黯处稍变为土黄色,不知在瘗几年矣。其二苍璋也,极小,略可三五寸许,正为半珪之形。此三者盖真玉也。又有一物体圆如璧,而旁出两角,角末即是圭头,在礼所谓两圭有邸者也,色似玉带,白而体质甚软,观者多用指爪掐试,已成深穴。细视,正是寒长解石辈耳,亦恐未可名之为珉也。其器见藏禹庙县尉典之前后官,递相付授,防换窃也。吴民可帅越大兴工浚镜湖,得小玉璧,以藏公帑中。迹此数物而考之以古,则皆得诸禹庙、其在土中者,必为埋玉以祭者也;得之水中者,则沈祭之玉也。古用玉如此之多也。(《演繁露》卷三)

〖昆吾刀及虾蟆肪〗古玉器有奇特非雕琢人功者,多是昆吾刀及虾蟆肪所刻。肪可得取肥者锉煎膏涂玉,亦软滑易截。(《续博物志》卷十)

　　〔按〕《山海经·中山经》中次二经:"又西二百里,曰昆吾之山,其上多
　　赤铜。"郭璞注云其铜色赤如火,以之作刀,切玉如割泥。

〖玉匜〗玉匜,有足,双耳,亦径尺余,色微黄,前后碾两饕餮,口有缘,亦精。(《云烟过眼录》卷三)

〖玉刚卯〗仆仕于关中,于士人王㣧君求家,见一古物。似玉。长短广狭,正如中指。上有四字,非篆非隶。上二字,乃正月字也。下二字,不可认。问之君求云:"前汉刚卯字也。"汉人以正月卯日作,佩之。铭其一面曰"正月刚卯"。乃知今人立春,或戴春胜、春幡,亦古制也。盖刚者强也,卯者刘也。正月佩之,尊国姓也。与陈汤所谓强汉者同义。(《嫩真子》卷三)

〔按〕刚卯流行于秦汉,是佩系在革带上的一种佩饰,质地有铜、玉、桃木之分。当中有孔以系彩丝。近人王正书先生对汉代刚卯的形制、刻工、书体、铭文等等有详密的考证,见于《文物》1991 年 11 期《汉代刚卯真伪考述》。

玉刚卯(略)(《纬略》卷五)

〖白玉刚卯〗白玉刚卯,四面正方,两边真字各两行,细如丝发,真奇物也。(《云烟过眼录》卷二)

〖古雕玉盘螭〗古雕玉盘螭,白地上黑双螭。……(《云烟过眼录》卷三)

〖古雕玉盘螭〗古雕玉盘螭,尤奇。一螭角上有一小鼠,殊不可晓,或名云太虚鼠,又云虚木相符,皆不可晓。云皆太原之高柴古墓中,皆古玉,此物红如血,黑如漆,白如酥,五色具备,真神品也。(《云烟过眼录》卷三)(墓葬、遗址篇重见)

【周玉律】晋诸公赞曰,世祖时以荀勖所造律得周时玉律比校,正同。……(《纬略》卷二)

〖殷玉钺〗宣和殿所藏殷玉钺。长三尺余，一段美玉。文藻精甚。三代之宝也。后归大金。今入大元。每大朝会，必设于外廷。（《志雅堂杂钞》卷上）

〖古黄玉〗又黄古玉9如匕首之状。色甚润，盖玉也。而此老谓之雷斧，非也。（《志雅堂杂钞》卷上）

〖宣和元圭〗宣和元圭，出王懿恪家，旧上有懿恪朱书"元圭"二字。或上之，以为真夏后氏之瑞。后复燕山，又得一元圭，尤奇古，非前圭可比。朝廷以先既行盛礼，不应再有出者，藏之内库不复问。至金人起，后圭磨改副衮冕，奉其主，前圭亦取去。然窦建德以获元圭，故国号夏，不知二圭果何代物也。（《邵氏闻见后录》卷第二十六）

【先君言李璞识玉柙】先君言："元圭"者，赤黑玉也。初莫知何物，状亦殊与圭不类，而议者附会穿凿，以为元圭，遂降诏御殿受之。寿春处士李璞见其议，叹曰："是玉柙也。小窍盖穿贯金珠处，是必秦、汉陵墓中物。"后乃闻本出杨康功家，实得之长安。璞博洽，盖无所不通云。（《家世旧闻》卷下）

〖苍玉符〗苍玉符，长可一尺，阔三寸，厚半寸许，两傍作双螭，中碾七篆字，云："玄孙似文治水圣。"彼以为禹治水符，甚珍之。余则以为伪物也。盖禹姒姓，非徒㙮之似。又云孙乃轩辕之孙，何为曰"玄孙"？且三代当作钟鼎款识，何为乃小篆？篆刻俱不工，不足奇也。（《云烟过眼录》卷二）

〖苍玉符〗前浙漕刘伯益所藏一苍玉符，回长可一尺，阔三寸，厚半寸许。两傍作双螭，中碾七篆字，云："元孙似文治水圣。"以为三代之宝，甚珍之。以余观之，伪物也。禹虽姒姓，然此非姒姓之"姒"。又元孙乃轩辕之孙，何为曰"玄孙"？且三代之物，当作钟鼎款篆，何为作小篆？且篆刻皆不工，不足奇也。（《志雅堂杂钞》卷上）

〖翡翠〗翡翠屑金，人气粉犀，此物理相感之异者。尝观《归田录》，载欧公家有一玉罂，形制甚古且精巧。始得之梅圣俞，以为碧玉。在颍州时，尝以示僚属。坐有兵马钤辖邓保吉者，真宗朝老内臣也，识之曰："此宝器也，谓之翡翠云。禁中宝物，皆藏宜春圣库，库中有翡翠琖一只，所以识也。"其后，偶以金环于罂腹，信手磨之，金屑纷纷而落，如砚中磨墨，始知翡翠之能屑金也。（《游宦纪闻》卷一）

〖白玉奁〗绍圣初，先人官长安府，于西城汉高祖庙前卖汤饼民家，得一白玉奁，高尺余，遍刻云气龙凤，盖为海中神山，足为饕餮，实三代宝器。府上于朝，批其状云：墟墓之物，不可进御，当籍收官库，尚遵祖宗典制也。至政和中，先人再官长安，问之，已失所在矣。（《邵氏闻见后录》卷第二十六）

〖白玉帘〗张浮休云："盗夜发咸阳原上古墓，有火光出，用剑击之，铿然以坠，视之，白玉帘也。岂至宝久埋藏欲飞去邪？既击碎之，有中官取以作算筹，浮休亦得一二。（《邵氏闻见后录》卷第二十七）

〖大白玉璧一，赤玉璧一〗政和初，内中降出大白玉璧一，赤玉璧一，俾鲁公考验。白璧大盈尺，镂文甚美，而璧羡外复起飞云行龙焉。赤玉璧则长几二尺，两首如棹刀头，中间为古文，殊极精巧，玉色则异甚，诚鸡冠之不足拟也。当时，诸儒谓璧羡云龙者，乃周公植璧之璧也；赤玉器则《顾命》所谓陈宝赤刀之宝也。吾窃笑诸儒之傅会，且云龙在上，若植之，宁不倒置矣，岂非秦汉璧珰之属乎？至于赤刀宝，制作非常，三代之器无疑，玉色又如此，为希世之珍，谓之赤刀，若得之焉。其后于延福宫又得见一赤刀，同禹所锡元圭，汉轵道所得传国玺，唐太宗之受命玺暨诸器列于殿中，为盛世之美瑞。唐太宗玺乃虞世南真书字，玉色不大佳，玺不方而长。其文曰："受天景命，有德者昌。"（《铁围山丛谈》卷一）

〖玉器二〗……皇祐中，又出玉器二。一为四龙行走上腾之形，其端升余可置物。一为梳形，旁上连窣绵缲，可插羽，下有柄，雕以蜻蜓、螟蛉，绝工巧。公以为皆物柄也。梳形者疑古人羽扇之柄，其他莫可知。（《王氏谈录》）

〔**汉天子笔管**〕汉天子笔管,以错宝为跗,毛皆以秋兔之毫。今多言宝跗,盖出《西京杂记》。(《云麓漫钞》卷四)

【**先君言崇宁后古器毕集御府**】先君言,绍圣初,宗室仲忽得古铜器,有铭曰:"鲁公作文王尊彝以献。"诏送秘阁,而馆中劾奏,仲忽所献,实非古物,请正欺诞之罪。于是仲忽坐罚俸一月。盖是时犹恶其以怪奇惑人主也。至崇宁后,古器毕集于御府,至不可胜计。一器之值,或数千缗,多因以求恩泽。所至古冢,劚凿殆遍,而仲忽所献,巍然冠众器之上矣。有《博古图》百卷,然犹其略也。宣抚司入燕,得古玉器以献,亦编于图,命王黼作序,馆中代之云:"宣抚司得耶律德光所盗上世宝玉。"当时阿谀之士,翕然称其为□□《尚书》、《春秋》之法,其可笑如此。(《家世旧闻》卷下)(铜篇著录章重见)

六　竹木篇

〖木简札〗崇宁初,经略天都,开地得瓦器,实以木简札,上广下狭,长尺许,书为章草,或参以朱字,表物数曰:缣几匹,棉几屯,钱米若干,皆章和年号。松为之,如新成者,字遒古若飞动,非今所畜书帖中比也。其出于书吏之手尚如此,正古谓之札书。见《汉武纪》《郊祀志》,乃简书之小者耳。张浮休《跋王君求家章草月仪》云耳。(《邵氏闻见后录》卷第二十七)

〔按〕历史上发现古简册之事载于史册的仅三例,发现的时间和地点分别是:一,晋代,汲郡;二,齐,襄阳;三,北宋,陕右。《邵氏闻见后录》记载北宋崇宁初发现木简之事,文字简练而记载详尽,可补史书之缺。该批木简的年代为东汉章帝章和年间(公元 87 年—89 年)。从简书文字内容看来,其性质是遗策。

〖木简〗宣和中,陕右人发地,得木简于瓮,字皆章草,朽败不可诠次。得此檄云:“永初二年六月丁未朔,廿日丙寅得车骑将军莫府文书,上郡属国都尉、二千石守丞、廷义县令三水,十月丁未到府受印绶,发夫讨畔羌,急急如律令。马四十匹,驴二百头,日给。”内侍梁师成得之,以入石。未几,梁卒,石简俱亡,故见者殊鲜。吴思道亲睹梁简,故赋其秘古堂云:“异锦千囊更妙好,中有玉奁藏汉章。”荣次新,吴出也,得其模本示余。按章草今在世益少,唯《急就章》见在,并诸帖所传耳。然《急就》转模,失真愈远,《官帖章草》《皇象索靖》等书,与张芸叟所珍《鹡雀赋》,又率是赝作,黄长睿已尝辨于《东观余论》,然则此檄,当为今章草第一也。米元章《淮鳞帖》卷内称,章草乃章奏之章。今考之,既用于檄，则理容概施于章奏。盖小学家流，由古以降，日趋于简便，故大篆变小篆，小篆变隶。比其久也，复以隶为繁，则章奏文移，悉以章草从事，亦自然之势。故虽曰章，而隶笔仍在，良由去隶未远故也。右军作草，犹是其典刑，故不务为冗笔。逮张旭、怀素辈出，则此法扫地矣。但檄文讨羌，岁月与史不合，此史误无疑。黄长睿已详辨，不复述。"急急如律令"，汉之公移常语，犹今云"符到奉行"。张天师，汉人，故承用之，而道家遂得祖述。（《云麓漫钞》卷七）

〖木简〗宣和中，陕右人发地，得木简于瓮，字皆章草。檄云："永初二年，六月丁未朔，廿日丙寅。"朱文公《答吴斗南书》谓"东汉《讨羌檄》，日辰与《通鉴长历》不同"，盖指此也。今考《通鉴目录》，汉安帝永初二年六月乙未朔。（《困学纪闻》卷八）

〖永初二年讨羌符文竹简〗近岁关右人发地得古瓮，中有东汉时竹简甚多。往往散乱不可考，独永初二年讨羌符文字尚完，皆章草书，书迹古雅可喜。其词云："永初二年六月丁未朔，二十日丙寅，得车骑将军莫府文书，上郡属国都中二千石守此五字古本缺丞廷义县令三水，十月丁未到府受印绶，发夫讨畔羌。急急如律令。"按范晔《后汉书·安纪》永初元年夏，先零种羌畔，遣车骑将军邓骘、征西校尉任尚讨之。二年正月，骘为羌所败于冀西。七月戊辰，诏有'羌貃畔戾，夙夜克己'之语。其年十月庚寅，任尚与羌战于平襄。十一月辛酉，拜骘大将军，召还。则此简所谓车骑将军者，即邓骘也。所讨畔羌者，即先零也。然以《纪》所书日月及汉简参考之，简云"六月丁未朔"，则二十日正得丙寅，而戊辰乃此月二十二日也。六月末既有戊辰，则七月不应复有之，而《安纪》是年复有戊辰之诏，盖《纪》误也。又据《安纪》是年七月之后继书闰月，闰月有辛丑，九月有庚子，亦当复有辛丑，则是年闰当在七月。据汉简，六月丁未朔，则后百二十日得两丁未，故简又云"十月丁未"，正合也。据《纪》于七月闰，则丁未当在九月矣。又与简不相合，亦《纪》误也。又《纪》书永初元年夏，羌畔，遣骘讨之，二年冬，始召还。而骘本《传》云永初元年夏，羌畔，于是诏骘将左右羽林北军五校及诸部兵击之西屯。汉阳冬，召骘班师，据《纪》，讨羌在元年夏，召骘在二年冬，汉简亦有"二年"之文，正与《纪》合，而《传》云"元年召还班师"者亦误也。简书甚明，乃当时文字，又日月首尾相应,非如史之先后差谬,宜以简所书为正。於戏,千载之下,幸是简偶存,得以考正范史所书之误。是以君子贵乎博学而多识也。(《东观余论》卷上)

〔简牍〕《春秋序》曰:"小事简牍。"《尔雅》曰:"简谓之毕。"郭璞曰:"今之简札也。"《说文》曰:"简,牒也。"《释名》曰:"简,书编也。"《杜周传》曰:"三尺安在哉?"注曰:"以三尺竹简书法律也。"刘向《列子序》:"皆杀青书。"注曰:"谓汗简刮去青皮也。"刘向《别录》曰:"杀青书,治竹作简。新竹有汗,善折蠹。凡作简者,皆以火炙干之,谓之汗。汗者,去其汗也。吴越曰杀亦治也。"《风俗通》曰:"刘向典校书籍二十余年,皆先书竹,改易刊定可缮写者以上素。今东观书竹素也。"张景阳诗"游思竹素园,寄辞翰墨林"是也。张璠汉《记》曰:"吴祐父恢为南海太守,欲以杀青写书。祐年十二,谏不可,海滨多珍玩,若成载书盈两,必思薏苡之谤。"《文士传》曰:"人于嵩山下得竹简一版,上有两行科斗之书。张华以问束晳。晳曰此明帝显节陵中竹简。"萧子显《齐书》曰:"襄阳有盗发古冢,相传是楚王冢,获竹简书。青丝编简,广数分,长二尺,皮节如新。盗以把火照书。后人得十余简,以示抚军。王僧虔云是科斗书《考工记》,《周官》所缺文也。"《齐春秋》曰:"襄阳人发古冢,有玉镜及竹简古书,字不可识。王僧虔善识字体,亦不能解,云是科斗。济阳江淹博古好事,以科斗文字推之,则周宣之前也。简殆如新。"李峤诗:"竹是蒸青外,池仍点墨余。"……宋景文公诗:"此时刀笔手,惭愧杀青人。"又诗:"闻道兰台有图籍,故留香粉照蒸青。"苏栾城诗:"栽向凤池吹律处,劚从芸阁杀青余。"(《纬略》卷九)

〔按〕收集了前人典籍著作中有关竹简的资料,比较重要的是其中关于竹简出土的记载。虽然主要是南北朝间事,但它反映了宋人对出土竹简的关注。实际上,它总结了前人对除孔子壁中书以及汲冢竹书外其他出土竹简的研究成果,另一方面,也说明了宋人的竹简研究是有其历史渊源的。

〔梁刘显识简书〕梁刘显字嗣芳,沛国人。任昉尝得一篇缺简书,文字零落,历示诸人,莫能识者。显云是古文《尚书》"无逸"篇。昉验《周书》,果如其言。时魏人献古器,有隐起字,无能识者。显按文读之,无有滞碍。考校年月,一字不差,高祖甚嘉焉。(《纬略》卷四)

107

【汲冢书】《史记·燕世家》所载："或曰：禹荐益，已而以启人为吏。及老，而以启为不足任乎天下，传之于益。已而启与交党攻益夺天下。"谓禹名传天下于益，已而实令启自取。此说甚背经旨，前辈往往致疑。《战国策》亦有是语。司马贞注曰："经传无闻，未知所由。"仆尝考之，其说出于汲冢书。汲冢书凡七十五篇，出于魏安釐王墓中。其言大率与今经史相反。如云夏年多殷；益干启位，启杀之；太甲杀伊尹；文王杀季历；自周受命，至穆王百年，非穆王寿百岁；幽王既亡，有共伯和者，摄行天子事，非二相共和。《师春》一篇，书《左传》诸国卜筮，师春是造书之姓名也。《琐语》十一篇，诸国卜梦妖怪相书也。《缴书》二篇，论弋射法。此类不一。今《崇文总目》有《汲冢周书》十卷。(《野客丛书》卷十一)

【古本汉书】前辈论作史，诸王合自叙一处。如《陈书》、《唐书》之类，正得其例。然往往多混于诸传之中，其体盖祖班固西汉之作。不知《班史》以诸王杂于诸传之间者，盖今本尔。古本《班史》正自别作一处。按《刘之遴传》："鄱阳嗣王范得班固所上《汉书》真本。谓今本高五王、文三王、景十三王、武五王、宣元六王杂在诸传后。古本悉类《外戚传》下、《陈项传》前。则知古本《班史》盖如此。分于诸传之中者，乃后本尔。不特此也。又谓古本《汉书》称"永平十六年五月二十一日己酉班固上"，而今本无上书年月日字。古本《叙传》号《中篇》，今本称为《叙传》。今本《叙传》载班彪行事，而古本云"稚生彪"，自有传。今本纪及表、志、列传不相合为次，而古本相合为次，总成三十八卷。今本《外戚传》在《西域传》后，而古本《外戚传》在帝纪下。今本《韩、彭、英、卢、吴》述云："信惟饿隶，布实黥徒，越亦狗盗，芮尹江湖，云起龙骧，化为侯王。"而古本述云："淮阴毅毅，仗剑周章，邦之杰兮，实惟彭、英，化为侯王，云起龙骧。"古本第二十七卷解音释义，以助雅诂。而今本无此卷。似此九、十条，今本与古本不同如此。所谓古本《汉书》，乃萧琛在宣城有北僧南度，唯赍一葫芦，中有《汉书·叙传》。僧曰三辅耆老相传。以为班固真本。琛固求得之。其书多有异今者。纸墨亦古。文字多如龙举之例，非隶非篆。琛甚秘之，乃以饷鄱阳王。见《萧琛传》。(《野客丛书》卷三十)

〔椀楪〕古者椀楪以木为之，故椀楪字皆从木。(《瓮牖闲评》卷六)

七　石刻篇

第一章

碑　刻

【总论古今石刻】古者金铜等器物,其款识文字皆以胚冶之后镌刻,非若今人就范模中经铸成者。余于武陵郡开元寺铁塔上见镌刻经咒之属,皆是冶铸后为之。至于石刻率多用麄顽石,又字画入石处甚深,至于及寸,其镌凿直下往往至底乃反大于面,所谓如蠹虫钻镂之形,非若后世刻削丰上锐下,似茶药碾槽状。故古碑之乏也,其画愈肥。近世之碑多乏也,其画愈细。愈肥而难漫,愈细而易灭。余在汉上及襄岘间亲见魏晋碑刻如此。兼石既麄顽,自然难坏。后世石虽精好,然却易剥缺。以是知古之人作事不苟,皆非今人所能及也。(《负暄野录》卷上)

【碑铭】古人立碑庙以系牲,墓以下棺。厥后乃刻岁月,或识事始末,盖亦因而文之耳。若《汤盘铭》、《太公丹书》所载诸铭,亦因所用器物著辞以自警,未尝为徒文也。后世特立石以纪事述言,而谓之碑铭,与古异矣。杜元凯铭功于二石,一置岘山之上,一沉汉水之中。韩退之谓张愉曰:"丐我一片石,载二妃庙事,且令后世知有子名。"后世好名之弊,至丁如此。(《鹤林玉露》乙编,卷五)

〖**碑禁**〗沈约《宋书·礼志》云:"汉建安十年,魏武帝以天下凋弊,下令不得厚葬,又禁立碑。魏高贵乡公甘露二年,大将军参军太原王伦卒。伦兄俊作《表德论》以述伦遗美云:'祇畏王典,不得为铭,乃撰录行事,就刊于墓之阴。'此则碑禁尚严也。此后复弛替。"非也。余按《集古》、《金石》、《录释》、《隶续》诸书,益州太守高颐碑,立于建安十四年;绥民校尉熊君碑,立于建安二十一年;

横海将军吕君碑,立于魏文帝黄初二年;卢江太守范式碑,立于明帝青龙三年。皆在魏武下令之后,甘露之前。惟巴郡太守樊敏碑,立于建安十年三月,是月或未下令。约又谓:"晋武帝咸宁四年诏:'石兽碑表,既私褒美,兴长虚伪,伤财害人,莫大于此,一禁断之。其犯者,虽会赦,皆当毁坏。'至元帝大兴元年,听立顾荣碑,禁遂渐弛。义熙中,裴松之复议禁断。"亦不然。太康四年郑烈碑,距咸宁之诏方五载,此后云南太守碑、彭祈碑、陈先生碑、裴权碑、向凯碑、成公重墓刻之类,续续不绝。岂虽有此禁,而皆不能尽绝欤?欧阳公父子、赵德夫、洪文惠诸公议论不到此,何邪?《天下碑录》又有数碑,洪文惠谓《碑录》不可尽信,故不著。(《宾退录》卷七)

【碑阴】今碑阴列人姓名,著出钱下项,盖汉碑之体。汉人碑刻,率多门生故吏所出钱建立。故悉著其人名。韩敕碑阴条六十二人,曲成侯王昌二百,此类甚多,以曲成侯之尊,出钱百不为多矣。表而出之,可见汉世钱重如此。又今州郡间有祥瑞之证,用其物而刻之石者,亦汉碑之体。(《野客丛书》卷十八)

【碑盖】赵松雪云:"北方多唐以前古冢。所谓墓志者,皆在墓中,正方而上有盖,盖丰下杀上,上书某朝某官某人墓志,此所谓墓盖者。盖底两间,用铁局局之。后人立碑于墓道,其上篆额止谓之额,后讹为盖,非也。今世岁月志,乃其家子孙为之,非所谓墓碑也,古者初无岁月志之石。"(《癸辛杂识》续集卷上)

〖碑首〗古碑首作垂带屈下,往往额多偏一边,后人亦仿而为之。予好收古碑,盖尝疑此。及出守汉东,而郡斋有五大夫碑,碑首作垂带六,四在碑面,二在碑之左侧。后面却连右侧自上转过为之,正视则碑额甚偏,及摹时,碑面连左侧,背连右侧,方见其正且博。盖是文多石小,故尔四边皆刻字故也。今人不知此,特爱其偏,失古意远矣。(《云麓漫钞》卷二)

【放生碑】放生建碑,世以为起于唐,非也。按:梁朝元帝已有荆州放生亭碑,见《艺文类聚》之七十七卷。(明抄本《说郛》卷三十五引)(《能改斋漫录》卷一逸文)

〖《集古录目》、《金石录》、《金石类考》、《隶释续》、《博古图》〗
秦汉以前字画多见于钟鼎彝器间,至东汉时石刻方盛。本朝欧阳公始酷嗜之,
所藏至千卷,既自为跋尾,又命其子棐撮其大要而为之说,曰《集古录目》,晚年
自号六一居士,《集录》盖其一也。其门人南丰曾公,亦集古篆刻为《金石录》五
百卷。后来赵公明诚所蓄尤富,凡二千卷,其数正倍于欧阳公,著《金石录》三十
卷。石林叶公梦得又取碑所载事与史违误者,为《金石类考》五十卷。近时洪文
惠公适集汉魏间碑为《隶释续》凡四十八卷。昭武李公丙类其所有,起夏后氏
竟五季著于录者亦千卷,号《博古图》,正讹谬,广异闻,皆有功于后学。《隶释》
复刻其文,前代遗篇坠款因得概见于方策间,尤可贵也。(《云谷杂纪》卷三)

【秦汉碑刻】曾大父喜蓄古刻。承平时盖亦易致,士大夫不甚秘惜。兵火
后,散失一无遗者。刘季高侍郎尝语先人:顷年蒙嘉其好古,辍赠甚多,皆秦汉
间物,在今日为艰得。语次亦尝询其名件,岁久复忘之。(《清波杂志》卷七)

【石刻多失真】石刻多失真者,非惟摹拓肥瘠差谬而已。至于刊造之际,
人但知深刻可以传远。设若所书,字本清劲,镌刻稍深,则打成墨本,纸必陷入。
洎装褙既平,以书丹笔画较之,往往过元本倍蓰。此大弊也。欧阳公记李阳冰
书《忘归台铭》等三碑,比阳冰平生所篆最细瘦。世言此三石皆活,岁久渐生,刻
处几合,故细尔。后之建碑者,倘遇此等石,则其失真尤可知矣。(《梁溪漫志》
卷六)

〖金石刻盖欲传久,故必择石之良者〗金石刻盖欲传久,故必择石之良
者。《峄山碑》云:"刻此乐石。"说者以谓石之可以为乐,如泗滨浮磬之类。近地
惟吴县之太湖铅山石最佳;浙东石多带沙,刻则费刀,印多则字边倒,顿失字
体。尝见会稽禹庙一碑无字,脉络凸起,甚奇古,背有宣和间人刻字,云:"初过
时见有字,今重来字皆剥落,恐后人疑作古碑,非也,碑额乃南朝人字体。"后台
州军资库前一碑,下一分已剥落无字,正与禹庙碑相似;上二分则有字,乃是石
之成层者,缘打多震起。故余刻《台州登瀛图》,取太湖石,既坚且莹,击之有声,
郡人以为奇云。(《云麓漫钞》卷四)

〖**唐人书皆有楷法**〗唐人书皆有楷法,今得唐碑,虽无书人姓氏,往往可观。说者以为唐以书判试选人,故人竞学书,理或然。国朝亦重楷法,如欧阳永叔、蔡君谟诸公是也。自苏、黄、米一洗翰墨蹊径,而行书多矣。(《云麓漫钞》卷五)

【**温公论碑志**】温公论碑志,谓:"古人有大勋德,勒铭钟鼎,藏之宗庙。其葬则有丰碑以下棺耳。秦汉以来,始命文士襃赞功德,刻之于石,亦谓之碑。降及南朝,复有铭志埋之墓中。使其人果大贤耶?则名闻昭显,众所称颂,岂待碑志始为人知?若其不贤也,虽以巧言丽辞,强加采饰,徒取讥笑,其谁肯信?碑犹立于墓道,人得见之。志乃藏于圹中,自非开发,莫之睹也。"盖公刚方正直,深嫉谀墓而云。然予尝思之,藏志于圹,恐古人自有深意。韩魏公四代祖葬于赵州,五代祖葬于博野。子孙避地,历祀绵远,遂忘所在。魏公既贵,始物色得之,而疑信参半。乃命仪公祭而开圹,各得铭志。然后韩氏翕然取信,重加封植而严奉之。盖墓道之碑,易致移徙。使当时不纳志于圹,则终无自而知矣。故予恐古人作事,必有深意。藉志以谀墓则固不可,若止书其姓名、官职、乡里,系以卒葬岁月,而纳诸圹,观韩公之事,恐亦未可废也。(《梁溪漫志》卷六)(墓葬、遗址篇重见)

【**碑志不书名**】碑志之作,本孝子慈孙欲以称扬其父祖之功德,播之当时,而垂之后世,当直存其名字,无所避隐。然东汉诸铭,载其先代,多只书官。如淳于长夏承碑云"东莱府君之孙,太尉掾之中子,右中郎将之弟",李翊碑云"牂牁太守曾孙,谒者孙,从事君元子"之类是也。自唐及本朝,名人文集所志,往往只称君讳某字某,至于记序之文,亦然,王荆公为多,殆与求文扬名之旨为不相契。东坡先生送路都曹诗,首言:"乖崖公在蜀,有录事参军老病废事,公责之,遂求去,以诗留别,所谓'秋光都似宦情薄,山色不如归意浓'者。公惊谢之曰:'吾过矣。同僚有诗人而吾不知。'因留而慰荐之。坡幼时闻父老言,恨不问其姓名。及守颍州,而都曹路君,以小疾求致仕,诵此语,留之不可,乃采前人意作诗送之。"其诗大略云:"结发空百战,市人看先封。谁能搔白首,抱关望夕烽。"则路君之贤而不遇可知矣。然亦不书其名,使之少获表见,又为可惜也!(《容

斋随笔》三笔卷十一）

〖后汉郭先生碑与古镜铭〗《春秋》："星陨如雨。"释者曰："如，而也。"欧阳公《集古录》载后汉郭先生碑云："其长也，宽舒如好施，是以宗族归怀。"东坡得古镜，背有铭云："汉有善铜，出白杨，取为镜，清如明。"皆训"如"为"而"也。（《鹤林玉露》甲编，卷一）（铜篇重见）

〔按〕以古碑文、古器铭作为文字训诂的新材料，可以说是一种进步。但是，所引用的汉镜铭文有误，详见铜篇，器类章。

【廿卅卌字】今人书二十为廿，三十为卅，四十为卌，皆《说文》本字也。廿音入，二十并也。卅音先合反，三十之省便，古文也。卌音先立反，数名，今直以为四十字。案秦始皇凡刻石颂德之辞，皆四字一句。《泰山辞》曰："皇帝临位，二十有六年。"《琅琊台颂》曰："维二十六年，皇帝作始。"《之罘颂》曰："维二十九年，时在中春。"《东观颂》曰："维二十九年，皇帝春游。"《会稽颂》曰："德惠修长，三十有七年。"此《史记》所载，每称年者，辄五字一句，尝得《泰山辞》石本，乃书为"廿有六年"，想其余皆如是，而太史公误易之，或后人传写之讹耳，其实四字句也。（《容斋随笔》卷五）

〔按〕秦始皇刻石全文载于《史记》者有六：一，泰山刻石；二，琅琊刻石；三，之罘刻石；四，东观刻石；五，碣石刻石；六，会稽刻石。其中东观刻石无拓本传世。而现传的峄山刻石摹本之文是《史记》所不载。至于今世尚存的实物则只有琅琊、泰山两种，其中泰山刻石仅存十字。

【会稽秦始皇刻石】《史记·秦始皇本纪》云："上会稽，祭大禹，望于南海，而立石刻颂秦德。"《越绝书》云："始皇以三十七年来游会稽，以正月甲戌到越，留舍都亭，取钱塘浙江岑石，石长丈四尺，南北面广一尺，东西面广一尺六寸，刻文于大越东山上，其道九曲，去越二十里。"《水经》云："秦始皇登会稽山，刻石纪功，尚在山侧。"孙畅之《述征记》云："丞相李斯所篆也。"

《南史》："竟陵王子良为会稽太守，范云为主簿。云以山上有始皇刻石，三句一韵，多作两句读之，并不得韵，又字皆大篆，人多不详。云夜取《史记》读之，明日登山,读之如流。"张守节云:"会稽山,刻李斯书,其字四寸,画如小指,圆镌。今文字整顿,是小篆字。"

予尝上会稽东山,自秦望山之巅并黄茅,无树木。其山侧有三石笋,中有水一泓,别无他石。石笋并无字。复自小径,别至一山。俗名鹅鼻山。又云:"越王栖于会稽,宫娥避于此。"又云娥避山。山顶,有石如屋大,中开,插一碑于其中,文皆为风雨所剥,隐约就碑,可见缺画,如禹庙《没字碑》之类。不知此石果岑石欤?非始皇之力,不能插于石中。此山险绝,罕有至者,得一采药者,引之至耳,非伪碑也。或云大篆,或云小篆,皆不可考。(《西溪丛语》卷下)

〔泰山刻石〕观泰山刻石,盖知金石刻之可贵,而史传传写舛谬误人多矣。然此文率以四字为句,今史或有五六字为句者,如"廿有六年",史作"二十有六年";"亲轮远黎",史作"亲巡远方黎民"。疑太史公所衍未必尽是传写之误。要之,此乃秦本文,岂容以意增损哉?(《云谷杂纪》卷一)

〔周府君碑〕韶州汉隶书《周府君功勋记铭》曰:"讳璟,字君光,下邳人,熹平二年为桂阳守,开昌乐泷,为舟人之利,庙食连州。"而碑在曲江郊外,为风日所剥,绍兴七年,始迁于城中。其后刊太和九年云云,字作今体。按太和之号,乃魏明、晋废、后魏孝文、石勒、李势皆常以名年,而四非其正朔所及,晋太和之岁数,未尝至九。疑唐文宗太和重刊之碑也。自熹平二年至太和九年,已六百二十三岁矣。又至绍兴丁巳(七年)凡九百三十五年。若其本刻,字画不能如是之完也。(《鸡肋编》卷下)

〔按〕中华书局唐宋史料笔记丛刊之《鸡肋编》附录二:《庄绰生平资料考辨》(萧鲁阳著)注云:"……原来周府君碑在宋代非常有名,欧阳修《集古录》、曾巩《元丰提跋》都有记载。但是,欧阳修只是说:'使君字光,而名已缺讹。'后来有人告诉他名"憬",盖欧两次所见都是模糊不清的碑帖,所以说起来非常隔膜。曾巩则是根据《曲江县图经》说的,也不准确。只有庄绰见到了实物,文字虽然不多,但是清楚地交待了周的名字、籍贯及任职的具体年代,并判定碑为唐人所翻刻。季裕、永叔、子固三家所记,相得益彰,价值高下,不辨自明。庄绰熟悉欧阳修、曾巩的著

作，同欧阳修的子孙又有交往，两家的题跋他不会不知道。但他在行文
中没有点明前人的疏略，这正是他不轻议人文章处。"

〖**汉袁良碑**〗汉《袁良碑》云，帝御九龙殿，引对饮宴。《集古录》跋谓，九龙
殿名，惟见于此。愚按，张平子《东京赋》曰："九龙之内，实曰嘉德。"注：九龙本
周时殿名，门上有三铜柱，柱有三龙相纠绕，故曰九龙。嘉德殿在九龙门内，非
但见于此碑也。（《困学纪闻》卷十）

〖**汲县太公碑**〗《金石录》：《汲县太公碑》云，晋太康二年，得竹策之书，其
《纪年》曰："康王六年，齐太公望卒。"参考年岁，盖寿一百一十余岁。今按《书·
顾命》云"齐侯吕伋"，则成王之末，伋已嗣太公为齐侯矣。（《困学纪闻》卷八）

【**孙叔敖碑**】楚相孙君碑，不见书撰人名氏。考《史记》本传，列于《循吏》之
首，独载改币高相事为详，而碑则略之。埋蛇阴德，仅书于刘向《新序》。属子云
云，则在《优孟传》，然其文意皆不同。碑谓生于季末，仕于灵王，则谬矣。且庄
之后，为共、为康、为郏敖，历三世凡五十年，始为灵，安得仕于灵卒后数年，而庄
复封其子邪？六一先生跋，喜其得叔敖之名，兼以集录，二十年求之博且勤，乃
得之，故不暇订正耳。（《芦浦笔记》卷四）

〖**古碑有重字**〗古碑有重字，多作叠画，今人或写"又"字，不若作叠画为雅
驯。秦《峄山碑》，李斯小篆所题御史大夫有夫而不著大，但于下作叠画。卫宏
说："夫，大关也。"古一字有两名者，因就注之。孔子作"大夫"及"千人"字如此。
"夫"字从"大"从" "，盖"大"中有"大"字；"丁"字从"十"从"人"，"千"中有"人"
字。古人从简，每遇此二字则作叠画。（《云麓漫钞》卷三）

〖**叠画**〗古者大夫字便用叠画写之，以夫有大音故也。《庄子》、李斯《峄山
碑》如此。（《宋景文笔记》卷中）

【**峄山碑**】秦始皇二十八年，即帝位之三年也，东行上峄山，立石颂秦德。

自泰山至会稽,凡六刻石,《史记》皆载其词,惟不著峄山刻。观其语,皆相类,三句辄一换韵。二世立,李斯从到碣石,并海,南至会稽,而尽刻始皇所立石,旁著大臣从官名,以彰先帝成功盛德。唐封演叙后魏太武帝登山,使人排倒之。然历代摹为楷式,邑人疲于供命,聚薪其下,因野火焚之,由是残缺。上官求请,人益劳甚,有孙令取旧文勒于它石,人间所传,皆新刻也。其词曰:"皇帝立国,维初在昔,嗣世称王。讨伐乱逆,威动四极,武义直方。戎臣奉诏,经时不久,灭六暴强。廿有六年,上荐高号,孝道显明。既献泰成,乃降专惠,亲轴远方。登于峄山,群臣从者,咸思攸长。追念乱世,分土建邦,以开争理。功战日作,流血于野,自泰古始。世无万数,陀及五帝,莫能禁之。乃今皇帝,壹家天下,兵不复起。灾害灭除,黔首康定,利泽长久。群臣诵略,刻此乐石,以著经纪。"二世诏:"皇帝曰:'金石刻,尽始皇帝所为也,今袭号而金石刻辞不称始皇帝,其于久远也。如后嗣为之者不称成功盛德。'丞相臣斯,臣去疾,御史大夫臣德昧死言:'臣请具刻诏书,金石刻因明白矣。臣昧死请。'制曰:'可。'"廿,如拾切,今人作二十字读,非是。乐石,颜师古谓取泗滨磬石,作此碑石。皆宋莒公所记,而学易先生河间刘斯立复著论。世传泰山篆可读者,惟有二世诏五十许字,始皇刻辞,皆谓已亡。宋莒公镇东平日,遣工就摹,得别刻新石,止有卅八字。《集古录》亦云:"江邻几才得此数十字,余以大观二年登泰山,宿绝顶,访秦篆,其石埋植土中,高不过四五尺,形制似方而非方,四面广狭不等,所谓五十许字者,在南面稍平处,人常所摹;其三面残缺,人不措意,余审观之,刮摩垢蚀,渐若可辨。政和三年秋,复宿岳上,亲以毡椎从事,始为完善。盖四面周围悉有字,总二十二行,行十二字,字从西面起,以北东南为次,西面六行,北面三行,东面六行,南面七行;'制曰可'三字复在西南棱上;十二行是始皇辞,十行是二世辞,以《史记》证之,文意具如。'亲轴远勒',《史》作'亲巡远方黎民';'金石刻',《史》作'刻石';'著作休嗣'作'世听作圣','陲'作'垂','体'作'礼','昆'作'后',皆史家误。北海王寿茂崧刻于石。"宣政间,张漴侍郎知袭庆府,奉诏书脩东岳庙碑,尝登泰山访秦篆,与此说同,子观复备能言之。(《云麓漫钞》卷三)

【峄山碑】老杜《赠李潮八分歌》云:"秦有李斯汉蔡邕,中间作者寂不闻。峄山之碑野火烧,枣木传刻肥失真。苦县光和尚骨立,书贵瘦硬方通神。"峄山之碑,至于苦县光和,人多未详。王内翰亦不解。谨按老子,苦人也,今为亳州卫真县。县有明道宫。宫中有汉光和年中所立碑,蔡邕所书。仆大观中,为永城主簿日,缘檄到县,得见之。字画劲拔,真奇笔也。且杜工部时,已非峄山真笔,况于今乎?然今所传摹本,亦自奇绝,想见真刻奇伟哉!(《嬾真子》卷四)

【汉碑引经语】汉人专门之学,各习其师所传经书,不无异同。然当时亦有假借用字,所以与今文不同。因观汉碑中引经书语,疏大略于此。《灵台碑》曰"德被四表",《张公碑》曰"元享利贞",《蒋君碑》曰"遵五屏四",《刘修碑》曰"动乎俭,中鬼神,富谦乡党,逊逊如也",《祝睦碑》曰"乡党逡逡,朝廷便便",《孔彪碑》曰"无偏无党,遵王之素",《费氏碑》曰"导齐以礼,有耻且格",《王君庙碑》曰"庶绩咸喜",《张表碑》曰"畔桓利贞",《范式碑》曰"徽柔懿恭,明允笃恕",《薛君碑》曰"永矢不愃",《严发碑》曰"镌坚仰高",此类甚多。《费凤碑》有曰"泥而不滓",洪氏谓此"涅而不淄",非假借则传异也。仆观《史记·屈原传》有曰"皭然泥而不滓",刘勰《辨骚》则曰"皭然涅而不缁",知此语尚矣。洪氏不引此。夫岂未之考乎?东汉如《熊君碑》、《隗嚣传》,亦皆有是语。不特《费凤碑》也。(《野客丛书》卷十)

【汉碑疑字】《孙叔敖碑》云:"视事一纪。"赵氏谓汉时令有在官一纪不迁者。洪氏谓前碑言"临县一载",此云"一纪",盖以"一纪"为"一年"耳。仆观汉人文字,罕有以"一纪"为"一年"用者。疑此"祀"字耳。借"纪"为"祀","祀"与"纪"字亦相似也。毛《诗》:"终南何有,有纪有堂。"注:"纪音祀。"可证也。又《杨司隶碑》云:"高祖受命,兴于汉中。道由子午,出散入秦。建定厥位,以汉诋焉。"欧公谓"诋"字未详。洪氏谓"诋"音"抵",不释其义。仆疑此借用"氏"字耳,非"抵"字也。盖"诋"字"言"从"氏",非从"氐"。然汉碑多以"氏"为"姬"。既加以"女",又安知其不加以"言"邪?《汉书》"妖"字写作"訞",以"言"易"女",可据也。谓"汉氏",犹言虞氏夏氏耳。又《成阳台碑》云:"五运精还,汉受濡期。"欧公谓莫晓"汉受濡期"之义。仆谓"濡"犹言"延"也。言汉家受基业延长尔。《史晨飨孔庙碑》,亦云:"大汉延期,弥历万亿。"是亦此意。前辈学问,甚非后世小生所敢望其万分一。然亦间有一时见不到处。兹三者,管见如此。又未

知是否,姑著于兹,以俟博闻君子。(《野客丛书》卷十七)

【汉人作字】《华山庙碑》以"中宗"为"仲宗",《郭究碑》以"仲尼"为"仲泥",民皆非之,谓帝者庙号而假借以他字,不恭孰甚焉。以夫子为"仲泥",则狎侮之罪大于子云之《准易》。仆谓不然,汉人作字不一,有省笔者,有增笔者。省笔者如写"爵"作"时",写"鹤"作"雀"之类是也。增笔如写"春"作"晢",写"秋"作"龝"之类是也。又有假借字体,如以"仲"为"中",以"泥"为"尼"之类是也。此皆当时之习所尚,自后世观之则怪也。且莫尊于天地,而汉人书"天地"字为"旡墬","昊苍"为"浩仓",岂如此书便不敬天地邪?后世以为省文作字为简薄,而今碑乃增笔作字为不虔,亦过矣。(《野客丛书》卷十八)

【建武中元】成都有汉《蜀郡太守何君造尊楗阁碑》,其末云:"建武中元二年六月。"按《范史》本纪,建武止三十一年,次年改为中元,直书为中元元年。观此所刻,乃是虽别为中元,犹冠以建武,如文、景帝中元、后元之类也。又《祭祀志》载封禅后赦天下诏,明言云:"以建武三十二年为建武中元元年。"《东夷倭国传》云:"建武中元二年,来奉贡。"援据甚明。而宋莒公作《纪年通谱》乃云:"纪、志所载不同。必传写脱误。"学者失于精审,以意删去,殆亦不深考耳。韩庄敏家一铜斗,铭云:"新始建国、天凤上戊六年。"又绍兴中郭金洲得一铤,铭云:"新始建国、地皇上戊二年。"按王莽始建国之后改天凤,又改地皇,兹二器各冠以始元者,自莽之制如此,亦犹其改易郡名不常,每下诏犹系其故名之类耳,不可用中元为比也。(《容斋随笔》卷六)

【《隶释》】洪氏集汉人碑刻为《隶释》,甚有补于后学,然亦间有意未到处。如《郙阁颂》"行理咨嗟"则释为"行李"。仆按《左传》昭公"行理之命",杜预注云:"行理,使通问者"。洪以"行理"为"行李",不为无据。然释以"行里",亦似意顺。盖言行道之人皆咨嗟,不止使人而已。古者"理"、"里"字通用。又如"柔远而迩","而"字无释。仆疑"而"字借用"能"字耳。"耐"即古"能"字也。盖汉人书字有增偏旁者,有损偏旁者。增偏旁者,如书"英"为"瑛"。损偏旁者,如书"继"为"迷"之例是也。增"玉"为"瑛",损"糸"为"迷",又安知此碑不以"理"

为"里"、"而"为"耐"乎？又《郑固碑》有"逡遁退让"之语，洪氏谓用《史记》，引"贾生逡巡遁逃"之语。仆谓非用《史记》之语，盖用《前汉·外戚传》"太伯逡遁固让"之文尔。"逡"、"遁"即逡巡之义，合读为"逡遁"，而洪氏谓合读如本字。仆谓虽"逡巡遁逃"，贾生有是语，今单读为"逡"、"遁"，于文势顺乎？按《前汉·叙传》曰"不疑逡遁致仕"，《外戚传》曰"太伯逡遁固让"，《平当传赞》曰"平当逡遁有耻"。师古注"遁读与巡同"，此可验也。《管子》亦曰"蹴然逡遁"，又《仲秋下旬碑》曰："爰兹衰微，三命缩赢。背尔姁俪，孤嗣单茕。"洪氏谓"爰兹衰微，三命缩赢"者，知其尝贡选也；"背尔姁俪，孤嗣单茕"者，知其有妻孥也。仆谓三命者，即阴阳家五星三命之说，犹言寿命短促也。《严䜣碑》亦云："经设三命，君获其央。"《孙根碑》云："赢缩有命，不可增损。"即此意也。洪谓贡选之说，其指似迁。（《野客丛书》卷二十六）

〔按〕补《隶释》之失。宋洪适从《水经注》中集录其所载碑目，为一卷，附《隶释》以行。《野客丛书》三十卷，是宋代笔记中学术价值比较高的一种，它的内容涉及对经史地理、文字诗词、文物制度、风俗掌故等方面的考证。《四库全书总目提要》很肯定它的学术地位："考辨精核，位置于《梦溪笔谈》、《缃素杂记》、《容斋随笔》之间，无愧色也。"其作者王楙，字勉夫，《宋史》无传，其人半生隐居著述。王氏之于碑刻，有相当深入的研究，《野客丛书》收有不少精辟见解，如上所揭。

〖汉中郎郑固碑〗世传《遁甲书》，甲既不可隐，何取名为遁？及读《汉中郎郑固碑》，有云："逡遁退让。"遁即循字。盖古字少，借用，非独此一碑也。则知"遁甲"当云"循甲"，言以六甲循环推数故也。（《云麓漫钞》卷九）

〖蔡邕光武济阳宫碑〗蔡邕《光武济阳宫碑》，载世祖皇考南顿君，初为济阳令，有武帝行过宫，常封闭，帝将生，考以令舍下湿，开宫门后殿居之。建元元年十二月甲子夜，帝生时，赤光满室中，卜者工长卜之，曰："此吉事，不可言。"《汉书》不载。（《云麓漫钞》卷三）

〖东汉潘长史校官碑〗溧阳县有《东汉潘长史校官碑》，或疑其为"校宫"

字。按范晔《汉书》："永平十年闰月甲午,南巡狩,幸南阳祠章陵,日北至,又祠旧宅,礼毕,召校官弟子作雅乐,奏《鹿鸣》,帝自御埙篪和之,以乐嘉宾。"则东汉乡、县有校官矣。(《云麓漫钞》卷十)

〖王巨镛碑〗唐翰林学士结衔或在官上,或在官下,无定制。予家藏《李藏用碑》,撰者言"中散大夫、守尚书户部侍郎、知制诰翰林学士王源中",《王巨镛碑》撰者言"翰林学士、中散大夫、守中书舍人刘瑑",瑑仍不称知制诰,不可晓。出叶梦得《石林燕语》按学士官至紫微舍人,则衔内不系"知制诰"三字,所从来远矣。(《旧闻证误》卷四)

【赏鱼袋】衡山有唐开元二十年所建《南岳真君碑》,衡州司马赵颐贞撰,荆府兵曹萧诚书,末云:"别驾赏鱼袋、上柱国光大哇。"赏鱼袋之名不可晓,他处未之见也。(《容斋随笔》卷八)

〔按〕《容斋四笔》卷十复记"赏鱼袋"出处:"今按《唐职林鱼带门》叙金玉银铁带,及金银鱼袋云:'开元敕,非灼然有战功者,余不得辄赏鱼袋。'斯明文也。"

碧落碑(略)(《纬略》卷十)

〖曹成王碑〗《曹成王碑》,句读差讹,说不可解。又为人转易其字,故愈不可解。仆旧得柴慎微善本,今是正之。一本云:"观察使残虚,使将国良戍界。良以武冈叛。"柴本作:"初观察使虚使将国良戍界。"本无"残"字,盖虚使其将国良往戍界,故良不往,以武冈叛也。又一本云:"披安三县,咏其州,斩伪刺史。"柴本"咏"字作"訹"。"披"音鹿非反,盖言披剥安州之三县,故以威名訹惧其州人,使斩其不当为刺史者。盖当时刺史李希烈之党也。(《嬾真子》卷二)

〖曹成王碑〗《曹成王碑》云:"王姓李氏,讳皋,字子兰,谥曰成。其先王明。以太宗子国曹。"又云:"太支十三,曹于弟季,或亡或微,曹始就事。"今按曹王明之母杨氏,乃齐王元吉之妃也。后太宗以明出继元吉,后此人伦之大恶也。故退之为国讳,既言"其先王明,以太宗子国曹",又云"太支十三,曹于弟季"。其言"弟季",尤有深意。盖元吉之变,在于早年。及其暮年,乃有曹王。故曰"弟季",盖非东昏奴之比也。前辈用意,皆出忠厚,诚可法哉。(《嫩真子》卷二)

〔曹成王碑〕《曹成王碑》,句法严古,不可猝解,今取其尤者笺之。"大选江州,群能著直略反职,王亲教之,搏徒官反力勾卒,嬴越之法,曹诛五界必利反"。今释于此。"著职"者,各安守其职也。"搏力"者,结集其力也。"勾卒"者,伍相勾连也。"嬴越之法","嬴"当为"赢",谓秦商君、越勾践教兵之法。"曹诛五界"者,"曹",朋曹也。若有罪则凡与之为朋曹者,咸诛之。"五",什伍也。凡有所获,则分而界其什伍之兵也。盖利害相及,则战不敢溃,而居不敢盗。此乃勾卒嬴越之法。或曰,"嬴"谓衰嬴也,"越"谓超越也,凡战罚其衰嬴,赏其超越也。然无勾卒之义,当从前说。(《嫩真子》卷四)

【唐以前谓楷字为隶】东魏《大觉寺碑》阴,题银青光禄大夫臣韩毅隶书,盖今楷字也。庾肩吾曰:"隶书,今之正书也。"张怀瓘《六体书论》亦云:"隶书,程邈造,字皆真正,亦曰真书。"自唐以前皆谓楷字为隶,欧公《集古录》误以八分为隶书也。(《西溪丛语》卷下)

【唐平蛮碑】成都有唐《平南蛮碑》,开元十九年,剑南节度副大使张敬忠所立。时南蛮大酋长染浪州刺史杨盛颠为边患,明皇遣内常侍高守信为南道招慰处置使以讨之,拔其九城。此事新、旧《唐书》及野史皆不载。肃宗以鱼朝恩为观军容处置使,宪宗用吐突承璀为招讨使,议者讥其以中人主兵柄,不知明皇用守信盖有以启之也。裴光庭、萧嵩时为相,无足责者。杨氏苗裔,至今尤连"晟"字云。(《容斋随笔》卷一)

〔练湖碑〕百里之长,周曰县正;春秋时,鲁卫谓之宰,楚谓之令尹,晋谓之大夫;秦谓之令;汉因之,大曰令,次曰长,至唐不改,唐末始有知县之称。《练湖碑》,南唐时立,云"知丹阳县镇县公事",盖"镇"则有兵,如知州云"知某州军州

事"。本朝以知县为高,令为次,或兼兵马都监,亦知县镇之义。(《云麓漫钞》卷三)

【前汉无碑】《集古目录》并《金石录》所载自秦碑之后,凡称汉碑者悉是后汉,其前汉二百年中并无名碑,但有金石刻铭识数处耳。欧阳公《集古目录》不载其说,第于《答刘原父书》尝及之。赵明诚云:"西汉文字,世不多有,不知何为希罕如此,略不可晓。"然《金石录》却载有阳朔砖数字。故云希罕,言不多,非妄也。余尝闻之尤梁溪先生袤云:"西汉碑自昔好古者固尝旁采博访,片简只字搜括无遗,竟不之见。如阳朔砖,要亦非真汉代之碑刻。闻是新莽恶称汉德,凡所在有石刻,皆令仆而磨之,仍严其禁不容略留。至于秦碑乃更加营护,遂得不毁,故至今尚有存者。"梁溪此言盖有所援据,惜不曾再叩之。余目记范石湖《题北朝项王庙》诗有云:"人间隐事有知音新原阙。"取秦其事亦尔可发识者一笑。近世洪景伯丞相著《隶释》,却有前汉哀帝元寿中郫县一碑,或谓后人伪为者。(《负暄野录》卷上)

秦碑三句一韵(略)(《纬略》卷九)

跋干禄字碑后(略)(《东观余论》卷下)
〔按〕《东观余论》下卷多论碑记与跋尾。自宋欧阳修、曾巩后始有题跋。作为一种著录方式,题跋的出现大大地推动了宋代金石学的发展。

跋汉小黄门谯君碑后(略)(《东观余论》卷下)

【跋西岳华山庙碑后】欧阳文忠《集古录》云:"所谓集灵,他书皆不见,惟见此碑。"某按《汉书·地理志》云:"太华山在华阳,南有祠,集灵宫,武帝起"。又桓谭《仙赋叙》云:"华山下有集灵宫,汉武帝欲怀集仙者,故名殿为存仙,门为望仙。"二书所载其详如是,则集灵宫不独见于此碑也。文忠博古矣,犹时有舛漏,后学可忽诸。黄某记。(《东观余论》卷下)

〖汉太尉许馘碑〗《青箱杂记》载南唐徐铉至义兴,读《汉太尉许馘碑》,其阴有八字,云:"谈马砺毕,王田数七。"莫晓其指,铉以"黄绢幼妇"语意求之,云:此谓"许碑重立"也。义兴犯本朝熙陵嫌名,改宜兴,予家先茔在焉。屡访许碑不可得,邑人张驹千里云:"今县治之南有数丛冢,形制特大,《图经》以为许氏墓,上有一碑,字似汉张平子墓铭,篆体,首云:'司农夫人刘氏,山阴人。'自后为韵语,漫灭不可读,所谓太尉碑,则不复可见矣。"绍兴丙子冬,过颐山,访故人邵子门,有残碑,云:"舟行许氏墓侧,见有此石,居民以为浣垢之具,意谓人所弃而不有者,戏取以归,索水洗而读之,虽首尾不足,知其为馘碑也。'其文云:'历司农、卫尉、太仆,遂登太尉。'所谓'司农夫人'者,其馘之配乎?碑叙官爵,若'永乐少府',悉汉氏所有;字古隶与今文相错,旧隶漫处,则以今文足之,疑后人不忍耇去旧文,以今文刻于漫处,所谓'许碑重立'也。"因模取墨本,跋其后以遗邵子,使之知宝此石,无使后复有如子者负之趋云。(《云麓漫钞》卷九)

跋汉太尉刘文饶碑后 (略)(《东观余论》卷下)

跋三萧碑后 (略)(《东观余论》卷下)

论汉晋碑 (略)(《东观余论》卷下)

〖封禅碑〗《吴志》:天玺元年,吴兴阳羡山有空石,长十丈余,曰石室。郡表为瑞,遣兼司徒董朝、兼太常周处封禅国山,大赦,改明年为天纪。即前所云水洞是也。山后有《封禅碑》,土人目曰囤碑,以其石圆八出,如米廪云。字画奇古,岁久多磨灭,访得旧刻,以今文写之。前阙廿六字:之缺三字予兹,格于上下,光被八幽,螭飞蠕动,无不归仁。是故缺十四字赂缺七字上尊缺廿七字靡不遑假,民用丕作,于是缺一字丞相缺一字、太常缺一字奉迎缺六字率礼备仪,尊敬缺十九字宫缺廿四字所临,非徊西巡,遂基大宫,王烛缺三字泽缺一字清,万民子来,不日缺六字延颈跂足,缺二字来庭,柔服以仁,缺四字日昊不暇,缺一字观六经,旁贯百家,思该道根,数世陵迟,大繇未光,阖立东观,缺三字言,建论坟典,采询微闻,穷神极化,无幽不阐,举逸远佞,宽罪有刑,尊道尚功,嘉善矜弱,哀贱愍凶,缺二字朽枯,上天感应,缺五字践祚初升,特发神梦,膺受箓图玉玺,启自神匮,神人指授金册青玉符者四;日月抱戴,老人星见者一十有七;五帝瑞气,黄旗紫盖,覆被宫阙,显著牛斗者一十有九;麟凤龟龙,衔图负书三十有九;青蛇白虎,丹鸾凤鱼鸟,二十有二;白虎、白獐、白鹿、白兔三十有七;白雉、白鸟、白鹊、白鸠一十有九;赤鸟、赤雀二十有四;白雀、白鸢二十有七;神鱼吐书,白鲤腾船者二;灵絮神蚕,弥被原野者三;嘉禾秀颖,甘露凝液六十有五;殊干连理六百八十有三;明月火珠,拱璧流离三十有六;大贝、余眠、余泉七十有五;大宝、神璧、水青珏三十有八;玉燕、缺字玉羊、玉鸠者三;宝鼎、神钟、神瓮、夏祝、神鬲三十有六;石室山、石门、石印封、石羊、缺二字石缺二字天谶,彰石镜光者一十有七;神缺一字颂歌,庙灵缺二字者三;缺一字石缺二字湖泽门通,应谶合谣者五;神缺二字僮,灵母神女,告征表祥者三十有七;灵梦启谶,神人授书,著验缺二字者十,秘记谶文,玉版纪真者缺一字,玉刀、玉印,文采光发者八;缺二字玉琯、玉瓒、玉瑗、玉钩、玉称,殊辉异色者三十有三;玉尊、玉碗、玉盘、玉罂,清洁光朗者九;孔子、河伯、子胥、王缺一字宣言,天平地成,天子出东门鄂者四;大贤司马微、虞翻推步图纬,甄匮启缄,发事兴运会者二;其余飞行之类,植生之伦,希古所觌,命世殊奇,不在瑞命之篇者,不可称而数也。于是旃蒙协洽之岁,月次陬訾之口,日惟重光,大渊献行年所值,实惟兹岁,帝出乎震,因易实者,遂受上天玉玺,文曰:“吴真皇帝。”玉质青黄,解理洞彻,拜受祗逊,夙夜惟寅。夫大德宜报,大命宜彰,乃以柔兆涒滩之岁,钦若上天,月正革元,郊天祭地,纪号天玺,实彰明命。于是丞相沇、大尉廖、大司徒燮、大司空朝、执金吾修、城门校尉歆、屯骑校尉悌、尚书令忠、尚书昏、直晃昌、国史莹核等,金以为天道玄默,以瑞表真;今众瑞毕至,四表纳贡,幽荒百蛮,浮海慕化,九垓八埏,罔不被泽;率按典繇,宜先行禅礼,纪勒天命。遂于吴兴国山之阴,告祭刊石,以对扬乾命,广报坤德,副慰天下喁喁之望焉。中书东观令史立信,中郎将臣苏建所。其文大概言符瑞,初无可取,故备录之,以见皓之亡,有自矣。(《云麓漫钞》卷七)

〔点评〕天玺为东吴乌程侯孙皓年号,天玺元年即公元 276 年,明年改号“天纪”。

〖兴国寺碑〗蔡君谟跋丁道护《兴国寺碑》云:“此书兼后魏遗法,与杨本微异。隋唐之交,善书者众,皆出一法,道护所得最多。杨本开皇六年,去此十七年,书当益老,亦稍纵也。甲辰治平初元七日莆阳蔡襄记。"六一先生跋云:"蔡君谟,博学君子也,于书尤称精鉴。予所藏书,未有不更其品目者,其谓道护所书如此。隋之晚年,书学尤盛,吾家率更与虞世南皆当时人也。后显于唐,遂为绝笔。余所集录开皇、仁寿、大业时碑颇多,其笔画率皆精劲,而往往不著名字,每执卷惘然,为之叹息,惟道护能自著之,然碑刻在者尤少,余家集录千卷,止有此尔。有太学官杨褒者,喜收书画,独得其所书《兴国寺碑》,是梁正明中人所藏,君谟所谓杨家本者是也。欲求其本,为不知碑所在,然不难得则不足为佳物。古人亦云'百不为多,一不为少'者,谓此也。治平元年立春后一日太庙斋宫书。"以上七事见欧跋,不载集中。(《云麓漫钞》卷十四)

〖兰亭石刻〗兰亭石刻,惟定武者得其真。盖唐太宗以真迹刻之学士院。朱梁徙置汴都。石晋亡,耶律德光辇而归。德光道死,与辎重俱弃之中山之杀胡林。庆历中,为土人李学究所得。韩魏公索之急,李瘗诸地中,而别刻以献。李死,其子乃出之。宋景文公始买置公帑。荣芑云:"宋景文帅定日,有学究李姓者藏此石,死于妓家。乐营将何水清得之以献。宋留之公库。"姚令升云:"有游子携此石走四方,最后死于中山营妓家。伶人孟水清取以献。"周承勋希稷云:"唐太宗既得《兰亭序》真迹,使赵模等模拓,以十本赐方镇。惟定武用玉石刻之。文宗朝,舒元舆作《牡丹赋》,刻之碑阴,世号定武本。"蔡绦云:"定武本,乃江左所传晋会稽石也。钱氏归版图之后,定武有富民好事者,厚以金帛从会稽摹之,而藏于家。后户绝,赀没县官,人始见之,因置诸定帅之便坐壁间。"熙宁间,薛师正向为帅。其子绍彭又刻别本留公帑,携古刻归长安。王厚之顺伯云:"绍彭窃归洛阳。"周希稷云:"薛帅求之不得。其犹子绍彭,闻公厨有石,用以镇肉,取视之,乃刻《牡丹赋》于碑阴者。遂别刻石,易以归长安。"袁说友起岩云:"薛师正至定,恶摹打有声,自刊别石,留进楼下,以应求者。其子绍彭,又私摹刻,易杀胡林本以归。"蔡绦云:"熙宁中,孙次公侍郎帅定,有旨取其石纳之禁中,则又刻石而还之壁。后薛向来定,遂取以归。世但谓石归薛氏,然不知雅非古矣。"大观中,荣芑、王厚之、王明清、周承勋,皆曰宣和。诏取置宣和殿。王明清云:"向次子嗣昌,献于天上。徽宗命龛置睿思东阁之壁。"明清之父铚则云:"置之艮岳玛瑙亭。"蔡绦云:"大观初,祐陵方尚文博雅,诏索孙次公所纳石刻,则无有。或谓此石已殉裕陵,乃更取薛氏石入御府。靖康之变,虏袭以红毯,辇归。荣芑云:"宋定国尝从使虏,云石今在中京。"王明清云:"靖康之乱,凡尚方珍异之物,悉为群胡辇去,独此石虏所不识,遂弃不取。建炎初,高宗驻跸广陵。宗泽居守东都,见之。遣骑疾驰进行在所。

未逾月,狄复南寇,大驾幸浙,失于仓猝之际。绍兴中,向子固帅维扬,密旨令搜访,竟不获。"今东南诸刻,无能仿佛者。天台桑泽卿世昌编《兰亭博议》一书,甚详。与时参会众说,芟繁撮要,记其本末如此。所取何子楚蘧之辞居多,诸说之异同者,则附著其下。虽未能定其孰是孰非,然薛师正长安人,王顺伯谓其携以归洛;宗忠简守汴,日夕从事战守,且其天姿刚正,王仲言谓其为人主搜罗玩物于艰难之时,皆不敢谓然。开元九年置朔方节度,自是始有方镇,周希稷所云,乃是全不知有史策,若谓太宗分赐诸郡,犹可也。夫以一石刻之微,而言人人殊,莫能定于一,然后知考古之难也。(《宾退录》卷一)

【定武兰亭旧本最佳】 兰亭惟定武旧本最佳。薛帅别刊本易之。新本"湍"、"流"、"带"、"右"、"天"五字损,可以验,旧本皆全。(《西溪丛语》卷下)

〖兰亭序〗唐野史云:贞观中,太宗尝与魏征论书,征奏曰:"王右军昔在永和九年莫春之月,修禊事于兰亭,酒酣书序,时白云先生降其室而叹息之。此帖流传至于智永,右军仍孙也。为浮屠氏于越州云门寺,智永亡,传之弟子辩才。"上闻之,即欲诏取之。征曰:"辩才宝此过于头目,未易遽索。"后因召至长安,上作赝本出示以试之,辩才曰:"右军作此三百七十五字,始梦天台子真传授笔诀,以'永'字为法。此本乃后人模仿尔!所恨臣所收真迹,昔因隋乱,以石函藏之本院,兵火之余,求之不得。"上密遣使人搜访,但得智永千文而归。既而,辩才托疾还山,上乃夜祝于天;是夜,梦守殿神告以此帖尚存,遂令西台御史萧翼持梁元帝画《山水图》、大令书《般若心经》为饵,赚取以进。翼至越,舍于静林坊客舍,著纱帽,大袖布衫,往谒辩才,且诳以愿从师出家,遂留同处。乃取《山水图》并《心经》以遗之。辩才曰:"此两种料上方亦无之。去岁上出《兰亭》模本,唯老僧知其伪,试将真迹睨秀才,如何?"翼见之,佯为轻易,且云:"此亦模本尔。"辩才曰:"叶公好龙,见真龙而惧;以子方之,顾不虚也。"一日辩才持钵城中,携翼以往。翼潜归寺中,绐守房童子以和尚令取净巾,遂窃《兰亭》及《山水》、《心经》复回客舍,方易服报观察使,至后亭召辩才,出诏示之。辩才惊骇,举身仆地,久之方苏。翼日即诣阙投进,上焚香受之,百僚称贺。拜翼"献书侯",赐宅一区,钱币有差;及赐辩才米千斛,二十万钱。上于内殿学书,不舍昼夜,既成,书以赐欧阳询等。张彦远《法书要录》亦载。刘餗《嘉话》云:"《兰亭序》,梁乱出在外;陈天嘉中,为僧智永所得,至太建中,献之宣帝。隋平陈,因献晋王。王不之宝,僧果从帝借拓,及登极,终不从索。果师死后,弟子辩才得之。太宗为秦王,因见拓本惊喜,乃贵价市大王书《兰亭》,终不至。后知在辩才处,使萧翼取得之。武德四年入秦府,贞观十年乃拓十本以赐近臣,后褚遂良请秘于昭陵。"又《南部新书》:"《兰亭》者,武德四年欧阳询就越诈求之,始入秦府。麻道至嵩教拓两本,一送辩才,一王自收,嵩私拓一本。于时天下草创,秦王虽亲万机,《兰亭》不离肘腋;及即位,学之不倦。至贞观二十年,褚遂良请入昭陵,后得其模本耳。"《尚书故实》云:"太宗酷好法书,有大王真迹三千六百纸,率作一丈二尺为一轴。宝惜者独《兰亭》为最,置于座侧,朝夕观览。尝一日附耳语高宗曰:'吾千秋万岁后,与吾《兰亭》将去也。'及奉讳之日,用玉匣贮之,藏于昭陵。"欧阳《集古录》:"世言真本葬在昭陵,唐末之乱,为温韬所发,其所藏书画,皆剔取其装轴金玉而弃之。于是魏晋以来,诸贤墨迹复落人间。"李端叔跋云:"贞观中,既得《兰亭》,上命供奉官拓书,赵模、韩道政、冯承素、诸葛贞等各拓数本,分赐皇太子诸王近臣,而一时能书如欧、虞、薛辈人皆临拓相尚,故《兰亭》刻石流传数多,当有数百。今所得,独定州本为最胜。"章敏公元发尝以语人云:"庆历中,宋景文为定帅,有游士携此石走四方,最后死于定武营妓家,伶人孟水清取以献于宋,爱而不敢有,留之公帑。自是《兰亭》传天下,此定本得石之始也。"至元丰中,薛师正为帅,始携去。其长子别留赝本,上镵损"湍、流、带、右、天"五字为证,然其亲友犹于薛氏得旧本也。大观间,其次子嗣昌,始内之御府。胡羯之乱,不知所在。世人不悟,宝镵本为定武本。或云:"第五行有僧字,盖是时拓本至多,惟此僧永所藏为真。"又云:"当其行间是僧权押缝,后权字磨灭,'曾不知老之将至',误用僧字。"何子楚跋语云:"石晋之乱,契丹自中原辇宝货图书,至真定,德光死,汉祖起太原,遂弃此石于中山。庆历中,李学究者得之,秘不示人。韩忠献守定武,力求之,乃埋石土中,别刻本以献。李死,其子始摹以售人;后负官缗,宋景文为帅,出公帑代输,取石匣藏库中,非故旧莫得见。熙宁中,薛师正为守,其子绍彭别刻本,易归长安。大观间,诏取石龛置宣和殿。丙午,与岐阳石鼓俱载以北。"又云:"定武初得刻于杀胡林,后置郡廨。薛至定,士大夫乞墨本者沓至,薛恶模打有声,自刊别本,留谯楼下,多持此以售求者,盖先后已二刻。薛之子绍彭私又摹刻，易元杀胡林以归；欲以自别，乃取杀胡林本'湍、流、带、右、天'各剜一二笔，私以为记。"又谓："定武本仰字如针眼，殊字如蟹爪，到字如丁形。"又云："一本正肥，是唐古本。"语《兰亭》者，不出此。今人多惑野史之言，不知最为谬。按《唐书》开元二十二年，初置十道采访处置使，至德三年改采访为观察处置，太宗时，焉得有观察史？一谬也。又龙朔二年改门下省为东台，中书省为西台，太宗时焉得有西台御史？二谬也。《三藏记》云："玄奘法师周游西宇十有七年，唐贞观十九年二月六日奉敕于弘福寺翻译圣文，凡六百五十部。"《心经》预焉，右军时焉得有《心经》？其谬三也。唐太宗一朝文字最为详备，所谓拜"献书侯"，与夫赐宅及百僚称贺等，不应史册不载，其谬四也。《兰亭》盖是右军适意书，他日别书之，终不及前，岂有白云先生、天台子真、守殿神告等事？其谬五也。萧翼为御史，焉得潜出关而朝野皆不知，至于僧为侍人？其谬六也。太宗开国之文君，不应赚脱一僧以取玩好，其谬七也。观其词有"赚取"、"睨秀才"，皆浙人语，必是会稽人撰此以神其事，不可不知也。（《云麓漫钞》卷六）

【碑碣】安陆之东三十里乃许氏之茔域，俗谓之"相公林"，旧有《孝昌公碑》，高六七尺，阔三尺余，白石也。吾闻白石者不泐。村民辄异之，或遇水旱则就祷焉。治平中，县令张墩言于太守周君燮，且以为玉碑，舁而示之，非玉也，委乡校之南庑。已而有欲用者，方磨去十余字，会郑獬以内相还里卜葬，遽止之，得不尽灭其文字。后余游宦归，见其碑悉为人磨治，惟其额有书"大唐孝昌公许君墓碑"九字。甚恨无墨本以藏。亲友朱乂叔见余屡叹，乃出一本以遗予。所存者序四百字，铭二百六十八字耳。文多缺落，于序为甚，其可读者有曰："先王宅土，秩懿亲而建侯；我后得人，均关河而作牧。七年入朝，加授大中大夫、使持节、冀州刺史云云。履直道于朱绳，昭全形于白璧。抑贪竞之俗，恩浃二天；屏权右之门，威如重燎。"又曰："行趋露冕之裾，坐列交衢之棘。二年有诏，追迁太仆少卿。"又曰："长史公以仪凤三年正月日薨于汾州之官舍，春秋六十有二。"又曰："嗣孙崇艺，易州司马、互回军使，英姿外发，灵鉴内融。"又曰："趋毅梓之乡关，用摽幽陇。何止韦孟之光绪祖德，垂裕后昆；刘宽之传芳故史，式昭往烈。崇艺、崇述、崇烈云云。铭曰：炎图括地，姜派疏天。融斤孕火，太岳飞烟。缉诣帝若,业冠象贤。颖濋涵珍,箕山韫宝。仪刑邦翰,经纶天造。华阳启国,襄城访道。汉剑舒莲,周圭映藻。运移赤野,威怀楚望。八翼飞止,三刀集贶。英蕤早举,仁风晚畅。丹水擢图,黄星昭亮。恩狎圣齿,绩参龙跃。锦旆云道,实享天爵。青蒲奏绩,赤野驰英。陆剸神虬,水斮奔鲸。闽区恩暴,夏口先鸣。晋俗康阜,轩墅澄清。金根按禁,讦谟鹤省。兰锜昼严,钩陈夜警。军容甚泰,土功载靖。地轴东距,天津南渡。狼望云云。"得臣按《唐书》许绍唐初为峡州刺史,封安陆郡公,以破萧铣功,擢其子智仁为温州刺史。智仁初以勋封孝昌县公,绍卒,继守夷陵,终凉州都督。用是考之,此碑乃智仁之墓碑也。(《麈史》卷中)

【碑碣】予元祐丁卯假守唐州,唐时治今比阳县,后徙泌阳,今治是也。按开元间李适之尝为唐州刺史,既去,有德政碑,乃张九皋之文。九皋盖九龄弟。其碑先自比阳辇置今之都厅,予尝阅之。因求诸新旧史,皆不载适之为是州刺史,不知何也。适之,其字也,名适之,宗室之贤者也。(《麈史》卷中)

〔注释〕"适之,其字也,名适之","名"字下"适之"二字应是"昌"字之误。《新唐书》卷一三一《李适之传》云:"始名昌。"

〖大唐罗君墓志〗辛应仲云:妇翁陆少卿在襄阳修城,得一碑,字颇佳,而父子同名曰靖。出其墨本示予,碑额书云:"大唐罗君墓志。"文前复题云:"隋处士罗君夫人志铭。君讳靖,字礼,襄阳广昌人,春秋三十有一,隋仁寿四年五月终。"则罗君,隋人也。继云:"夫人张氏,年八十四,龙朔二年六月终。"则夫人,唐人也。今题罗君曰唐,夫人曰隋,已大谬。碑乃靖之子绍嗣善祎所立,而呼其父为"君";所书三代,目靖为父,又类己所立碑,故辛氏有父子同名之疑。因知文章工拙,初无占今。(《云麓漫钞》卷六)

〖谢仙火〗治平中,予令岳州巴陵。州有岳阳楼,楼上有石,倒刻"谢仙火"三字。其序述庆历中,华容县一日晦冥震雷,已而殿柱有此。太宗滕公宗谅子京问永州何仙姑,答以雷部中神,昆弟二人,并长三尺,铁笔书之。然予在江湖间,人多以仙为名,又其字类世所开者。孙载积中宰吴兴德清,新市镇觉海寺殿宇宏壮,其碑云皆唐时所建。巨材髹漆,积久剥落,见倒书迹曰"谢均李约收利火"十余字,去地三二尺,以纸墨拓之,与岳阳字大小一同。积中因曰:"夫伐木于山者,其火队既众,则各刻其名以为别耳。凡记木必刻于木本,营建法本在下,故倒书。"由是知仙姑之妄也。(《麈史》卷中)

〖舒州皖公山洞留题〗舒州皖公山洞,留题者甚众。沈枢密复曩尝游,见洞上莓苔剥落处露一字,"日"下"火",知非今人名,试命抉剔之,乃唐李翱题,字甚劲健。予尝亲到,名公题刻已遍,山水殊胜。(《云麓漫钞》卷二)

〖仙篆〗永福县之东南八十里,罗汉寺之仙岩,有篆书十。形体奇怪,环布岩石。不著姓名,人所未识,号曰"仙篆"。欧阳公永叔尝得之,喜其无镌刻之迹,如指画成文。欲以番夷金书字图号译之,未暇也。蔡端明时守三山,以道家书释之曰:"贫道守真一,中有不死术。"亦莫得其据。

政和三年之夏,邑宰陈武祐,好奇之士也。访求其详,知篆有三:一在安仁寺仙人山,寺僧惮墨蜡之费,燎断而瘗之;二在中和寺黄坑之崖,今存焉,字皆奇怪,亦不可识;三即罗汉之仙岩也。安仁者,掘而得之,仅完三字。又于上生院僧景纯,得所藏善本四字,余不复有。遂再锓诸木,列岩之堂。今闻亦有不存者。

余尝见碑本,字势夭矫,洒落奇妙。枝叶不属,而脉胳皆通,信是奇怪。不知蔡忠惠观道家何等书而识之。此字恐子云未必识也。(《游宦纪闻》卷三)

〖瘗鹤铭〗《瘗鹤铭》在今镇江府大江中焦山后岩下,冬月水落,布席仰卧,乃可摹印。绍兴中访旧本,有使者过,命工凿取之。石顽重,不可取,只得十许字,又以重不能携,但携一两字去,弃其余,今通判东厅者是也。(《云麓漫钞》卷二)

〖成都府学周公礼殿〗成都府学有周公礼殿,及孔子像在其中。其上壁画三皇、五帝及三代以来君臣,即晋王右军与蜀守帖,求三皇、五帝画像是也。其柱钟会隶书刻其上。其屋制甚古,非近世所为者,相传以为秦、汉以来有也。殿下有二堂:曰温故,曰时习,东西相对。堂各有碑,碑曰"左生某、右生某",皆隶书，亦西汉时诸生姓名也。其门屋东西画麟凤，盖取"感麟叹凤"之义。其画甚精，亦不知何代所为。蒋密学堂谒庙，令圬墁之。莫测其所谓也。其西有文翁石室。其南有高朕石室，比文翁石室差大，背有石像。"朕"或以为"胜"，宋温之璋洗石以辨之，乃"朕"字也，音持稟反相传东汉人也。殿之南面有石刻《九经》，盖孟氏时所为，又为浅廊覆之，皆可读也。周公礼殿乃古之学，祀周公为先圣，孔子为先师。至唐明皇，始以孔子为先圣也。（《东斋记事》卷四）

〖姜遵在永兴毁汉唐碑之坚好者以代砖甓〗天圣中，诏营浮图，姜遵在永兴毁汉唐碑之坚好者，以代砖甓。当时有一县尉投书启具言不可，力恳不已，至于叩头流血。遵以其故沮格朝命按罢之，自是人无敢言者。遵因此得进用。……（《道山清话》）

【碑厄】王辟之《渑水燕谈》云景祐初，姜遵奉太后意悉取长安碑石为塔材，因援杨大年《谈苑》叙武行德金石厄以伤之。伤之诚是也，然此何足怪？隋文帝尝诮世之立碑者曰："若欲求名，一卷史书足矣。不然，徒为人作镇石耳。"案《水经》洛阳天渊池中有魏文帝九花楼殿基，悉是洛中故碑累之，然则尚矣。（《演繁露》卷一）

【石刻厄会】元祐中，韩丞相玉汝帅长安，修石桥，督责甚峻。村民急于应期，率皆磨石刻以代之，前人之碑尽矣。说者谓石刻一厄会也。（《能改斋漫录》卷十二）

【古碑毁坏】赵明诚谓所著《金石录》富于二千卷，所载之碑由今观之，信然。石刻固非易朽之物，其如随废兴摧毁耶？前辈所载，元祐中，丞相韩玉汝即长安修石桥，督责甚峻，村民急以应期，悉皆磨石刻以代之，前人之碑尽矣。予又闻萧千岩云，蔡拱之访求石碑，或蹂田害稼。村民深以为苦，悉镵凿其文字，或为柱础帛碬，略不容存留。又自乱离而来，所在城堡攻战之处，军兵率取碑凿为碌石，摧毁无余。凡此皆是时所遭遇，而其仆坏之门，殆非一端，盖亦碑刻之一厄也，悲夫。（《负暄野录》卷上）

〖**姜遵悉取碑石为塔材**〗李丕绪少卿说，师颃作永兴重进幕客时，府前有十余堵大墙，蔽荒隙。军府萧条寂无民事。因搜访碑碣，凡打三千余本。姜遵知府日，内臣曾继华来造塔，遵希明肃旨，近城碑碣，尽辇充塔基。继华死于塔所，人谓之鬼诛也。（《嘉祐杂志》）

【**没字碑**】绍兴九年，虏归我河南地，商贾往来，携长安秦汉间碑刻，求售于士大夫，多得善价。故人王锡老，东平人，贫甚，节口腹之奉而事此。一日，语共游："近得一碑甚奇。"及出示，顾无一字可辨，王独称赏不已。客曰："此何代碑?"王不能答。客曰："某知之，是名'没字碑'，宜乎公好尚之笃也!"一笑而散。（《清波杂志》卷七）

第二章

石　鼓

【石鼓】古之石刻存于今者,惟石鼓也。本露出于野,司马池待制知凤翔日,辇置于府学之门庑下。外以木楔护之。其石质坚顽,类今人马碨硌者。古篆刻缺,辨者几希。(《墨客挥犀》卷八)

【石鼓】《倦游杂录》云:"古之石刻,存于今者唯石鼓也。本露处于野,司马池待制知凤翔日,辇置于府学之门庑下,外以木楔护之。其石质坚顽,类今人为碨硌者,古篆刻缺,可辨者几希。"欧阳论石鼓:"元在岐阳,初不见称于前世,至唐人始盛称之。而韦应物以为周文王之鼓,至宣王刻诗尔。韩退之直以为宣王之鼓。在今凤翔孔子庙中。鼓有十,先时散弃于野,郑余庆置于庙,而亡其一。皇祐四年,向传师求于民间得之,十鼓乃足。其文可见者四百八十五,磨灭不可识者过半。余所集录,文之古者,莫先于此,然可疑者三四。今世所有汉桓灵时碑,往往尚见在,距今未及千岁,大书深刻而磨灭者,十犹八九。此鼓案太史公《年表》,自宣王共和元年至今嘉祐八年,实千有九百一十四年,鼓文细而刻浅,理岂得存?此其可疑者一也。其字古而有法,其言与《雅》、《颂》同文,而《诗》、《书》所传之外,三代文章,真迹在者,唯此而已。然自汉以来,博古好奇之士,皆略而不道,此其可疑者二也。隋氏藏书最多,其志所录,秦皇帝刻石、婆罗门外国书皆有,而独无石鼓,遗近录远,不宜如此,此其可疑者三也。前世所传,古远奇怪之事,类多虚诞而难信。况传记不载,不知韦、韩二君何据而知为文、宣之鼓也。隋、唐古今书籍麁备,岂当时犹有所见,而今不见之耶?然退之好古不妄者,余姑取以为信耳。至于字画,亦非史籀不能作也。"(《靖康缃素杂记》卷六)

〖石鼓文〗石鼓文"帛鱼鱳鱳",又云"有鳟有鳊",即白鱼也。(《困学纪闻》卷二十)

【猎碣】周宣王石鼓文,韦应物、韩退之最所赞善。如老杜《李潮八分小篆歌》亦曰"陈仓石鼓亦已讹"。唯欧阳公以为可疑者三。苏勖《载记》曰:"石鼓文谓之猎碣,共十鼓。其文则史籀所篆,周宣王所创。""猎碣"二字甚生,苏氏用此,必有所据。任昉《述异记》曰:"崆峒山有尧碑禹碣。"亦用"碣"字。(《纬略》卷一)

【周宣王石鼓】周宣王石鼓,欧阳文忠公以为有可疑者三。唯唐以来,韦应物、韩退之尝盛称赞。予谓不特二公,老杜固尝有《李潮八分小篆歌》云:"陈仓石鼓又已讹。"况苏勖《载记》亦言:"石鼓文,谓之猎碣,共十鼓。其文则史籀大篆。"则知石鼓称为周宣王所创者,在昔不止二公。(《能改斋漫录》卷十五)

韩退之《石鼓歌》(略)(《嬾真子》卷二)

〖石鼓〗……予谓石鼓经秦涉汉,其亦久矣,其间岂无好事者称道之?历时之久,书传不存,后人不知耳。苏勖《载记》云:"石鼓谓周宣王猎碣,共十鼓。其文则史籀大篆。"唐章怀太子注《后汉书》云:"今岐州石鼓铭,凡重言者皆为二字,以二书言之。"则安知秦汉间无称道之者?苏勖贞观中尝为吏部侍郎,在退之之先,退之以为宣王之鼓者,岂以勖所载为据耶?欧阳公又云:"其文可见者四百六十五,磨灭不可识者过半。"予得唐人所录本,凡四百九十七字,其文皆可读,比他本最为详备。所言大率皆渔猎事,其文有"天子永宁,日维丙申"之语,既有天子之称,则决非文王之时也。近时韩公元吉以左氏言成有岐阳之搜,又以鼓为成王时物。然左氏虽言成之搜猎刻石记事,初无明文,恐未可遽,然便以为成王时物也。又任汝弼云:"籀与古文书以刀,刀故锐。秦篆书以漆,漆故刓,石鼓之文其端皆刓,以是知石鼓为秦时也。"夫千载之刻,磨灭剥落之余,幸有一二可读,亦仅存字体之仿佛尔,汝弼乃欲辨其刓锐于笔画之间,而断为秦人之作,非所敢闻也。(《云谷杂纪》卷三)

第三章

诅楚文

〚《秦诅楚文跋尾》〛予只一弟匋，字仁夫，博学好古，未壮而卒。平生不曾见其所为文，既卒，于其箧中得跋尾遗稿。呜呼，观其笔力，古人岂难到哉！今载于此。

《秦诅楚文跋尾》曰：右秦《巫咸碑》，在凤翔府学，又一本告亚驰神者，在洛阳刘忱家，书辞皆同，惟偏傍数处小异。案《史记·世家》，楚子连"熊"于名者二十有二，独无所谓熊相。以事考之，楚自成王之后，未尝与秦兴难，及怀王熊槐十一年，苏秦为合从之计，六国始连兵攻秦，而楚为之长，秦出师败之，六国皆引而归。今碑文"熊相率诸侯之兵以加临我"者，真为此举，盖《史记》误以熊相为槐耳。其后五年，怀王忿张仪之诈，复发兵攻秦。故碑文云"今又悉兴其众，以逼我边境"也。是岁秦惠王二十六年也。王遣庶长章邯拒楚师，明年春，大败之丹阳，遂取汉中之地六百里。碑云"克齐，楚师复略我边城"是也。然则碑之作正在此时，盖秦人既胜楚而告于诸庙之文也。秦人尝与楚同好矣，楚人背盟，故秦人嫉之，幸于一胜，遍告神明，著诸金石，以垂示后世，何其情之深切一至于此钦！余昔固尝怪秦、楚虎狼之国，其势若不能并立于天下，然以此邻壤之近，十八世之久而未尝以弓矢相加，及得此碑，然后知二国不相为害，乃在秦盟诅之美、姻婚之好而已。战国之际，忠信道丧，口血未干，而兵难已寻者比比皆是，而二国独能守其区区之信，历三百余岁而不变，不亦甚难得而可贵乎？然而《史记》及诸传记皆不及之也。碑又云："熊相背十八世之诅盟。"今《世家》所载，自成王至熊相才十七世尔。又云："楚取我边城新隍及郏长。"而《史记》止言六国退败而已。由是知简策之不足尽信，而碑刻之尤可贵也。秦惠公二十

六年,周赧王之三年也。自碑之立,至今绍圣改元,一千四百零六年。(《泊宅编》卷上)

〖李斯篆〗夹漈《金石略》云,祀巫咸大湫文,李斯篆。愚按方氏《跋诅楚文》,以为秦惠文王二十六年。石湖亦谓当惠文王之世。后百余年东巡泰山刻石,则小篆非出于李斯。(《困学纪闻》卷八)

【秦誓文】《秦誓文》有三本传于世:岐阳告巫咸、朝那《告大沈》、要册《告亚驼》。岐阳之石,在凤翔府署;朝那之石,在南京蔡挺家;亚驼之石,在洛阳刘忱家。

其言述秦穆公与楚成王遂及熊相背十八世诅盟之罪。以《史记·世家》考之,秦十八世当惠文王,与楚怀王同时,纵横争霸,此诅政为怀王也。怀王十一年,李兑约五国以伐秦,怀王为从长,秦逆击之,皆引而归。今文云"熊相率诸侯之兵以临加我"是也。后五年,怀王忿张仪之诈,发兵攻秦,败于蓝田。文又云"悉兴共众,以逼我边境"是也。惠王后十三年,王遣庶长章拒楚师,明年大败之丹阳,遂取楚汉中地六百里。文又云"克剂楚师,复略我边城"是也。

或以为熊商时。商与相,声相近,而事非是。或以为顷襄时。顷襄王横立,乃在秦昭王九年,历惠文、武王至昭王。是时,楚已失郢,微弱已甚,秦何所畏而诅之哉! 或以熊相芈姓。《元和姓纂》有熊相宜僚;又有熊相祈,为怀王将,然亦非是。熊相,疑怀王名。《史记·世家》作槐,当时脱误,遂不可考。今存石本,随字辨释,录之于后。

又秦嗣王敢用吉玉宣璧,使其宗祝邵鼛布憨告于不读作丕。显大沈久湫,久,读作故。湫,音子由反。亚驼,即滹沱河也,在并州。巫咸,在解州盐池西南。久湫,在安定郡,即朝那湫也。以下字多假借。曰底楚王熊相之多罪。昔我先君穆公及楚成王,是王之望读作宴。缪戮。力同心,两邦若壹,绊曰婚姻,衿音之忍反。曰齐盟,曰叶万子孙,毋相为不利,亲印仰。大沈久湫而质焉。今楚王熊相,康庸。回无道,淫失佚。甚音耽。乱,宜爹古侈字。竞从,纵。变输渝。盟刺。内之鼎古则字,下同。魀音薄报反。虐不姑,巫咸、亚驼并作辜字。刑戮孕敫,妇。幽刺敫亲。戚,拘圉其叔父,真者读作诸,下同。冥室椟棺之中。外之则冒改久心,不畏皇天上帝及大沈久湫之光列烈。威神,而兼背十八世之诅盟,率诸侯之兵,日临加我,欲划伐我社稷,伐威音许劣反。我百姓,求蔑法皇天上帝及大沈久湫之郧祠圭玉羲牺。牲,述取悟古我字。边城新郪音皇,县名。及郯长敌,我不敢曰可。今又悉兴其众,张矜意音於力反,满也。籀文亿字。怒,饰甲底兵,奋士盛师,以逼我边竞,境。将欲复其毗迹。唯是秦邦之赢众敝赋,鞈读作鞾。鞾音俞。栈舆,礼使介老将之以日自救也。《巫咸》、《亚驰》作殿,古也字。亦应孚读作受。皇天上帝及大沈久湫之几灵德,赐卢古克字。剂音遵为反。《尔雅》云:剪齐也。《巫咸》作欁字,古制字。《亚驰》作欁字。《巫咸》作"克欁楚,楚且复略我边城",无师字。楚师,且复略我边城,敢数楚王熊相之倍盟犯诅,箸著。者石章,曰盟大神之威神。(《西溪丛语》卷上)

〖秦《诅楚文》〗秦《诅楚文》,作于惠文王之时,所诅者,楚怀王也。怀王远屈平,迩靳尚,而受商于之欺,致武关之执,非不幸也。然入秦不反,国人怜之,如悲亲戚。积怨深怒,发于陈项,而秦亡也,忽焉六国之灭,楚最无罪。反尔好还,天人之理也,南公曰:"楚虽三户,亡秦必楚。"吁,秦诅楚邪?楚诅秦邪?(《困学纪闻》卷八)

第四章

石　经

〖**石经跋尾**〗予只一弟匋，字仁夫，博学好古，未壮而卒。平生不曾见其所为文，既卒，于其箧中得跋尾遗稿。呜呼，观其笔力，古人岂难到哉！今载于此。
……

《石经跋尾》云：石经残碑在洛阳张景元家，世传蔡中郎书，未知何所据。汉灵帝熹平四年，邕以古文、篆、隶三体书《五经》，刻石于太学。至魏正始中，又为《一字石经》相承，谓之《七经正字》。今此所传皆一体隶书，必魏世所立者，然《唐经籍志》又有邕《今字论语》二卷，岂邕《五经》之外复为此乎？据《隋经籍志》，凡言《一字石经》，皆魏世所有，有《一字论语》二卷，不言作者之名，而《唐志》遂以为蔡邕所作，则又疑唐史传之之误也。盖自北齐迁邕石经于邺都，至河滨岸崩，石没于水者几半。隋开皇中，又自邺运至长安，未及缉理，寻以兵乱废弃。唐初，魏郑公鸠集所余，十不获一，而传拓之本犹存秘府。前史所谓《三字石经》者，即邕所书，然当时《一字石经》存者犹十数卷，而《三字石经》止数卷而已。由是知汉经之亡久矣，不能若此之多也。魏石经近世犹存，至五代湮灭殆尽。往年洛阳守因阅营造司所弃碎石，识而收之，遂搜访，凡得《尚书》、《仪礼》、《论语》合数十段。又有《公羊碑》一段在长安，其上有马日䃅等名号者，魏世用日䃅等所正定之本，因存其名耳。案《洛阳记》，日䃅等题名本在《礼记碑》，而此乃在《公羊碑》上，益知非邕所为也。《尚书》、《论语》之文与今多不同者，非孔安国、郑康成所传之本也。独《公羊》当时无他本，故其文与今文无异，然皆残缺已甚，句读断绝，一篇之中或不存数字，可胜叹息哉！予尝谓物之不幸者，莫甚于书。自隋牛洪已言书有五厄，由洪至今，其厄又可知。夫著之金石，宜若可传于无穷，而不幸且如是。至于夷狄荒唐乱世之言，宴然享天下厚奉，历千有余岁而未闻遭诋诃之厄，彼亦何幸而至此，岂天终不佑吾道耶？吾友邓人董尧卿自洛阳持《石经》纸本归，靳然宝之如金玉，而予又从而考之。其勤如是，予二人亦可谓有志于斯文矣！绍圣甲戌秋八月题。（《泊宅编》卷上）

〔按〕《汉书·蔡邕传》："邕以经籍去圣久远，文字多谬，俗儒穿凿，疑误后学。熹平四年，乃与五官中郎将堂溪典、光禄大夫杨赐、谏议大夫马日䃅、议郎张驯、韩说、太史令单飏等奏求正定六经文字，灵帝许之。邕乃自书丹于碑，使工镌刻，立于太学门外。于是后儒晚学，咸取正焉。"实际上石经成于光和六年（公元 183 年），因始刊于熹平四年（公元 175 年），名称熹平石经，又称一字石经和今字石经。石经由蔡邕等多人用丹笔隶书七经文字在高一丈、宽四尺的四十八块碑石上。七经乃《易》、《诗》、《书》、《仪礼》、《春秋》、《公羊传》、《论语》，由匠人陈兴等镌刻。汉石经乃一字隶书，宋人多误为三字，其实三字者乃魏正始石经。关于石经一字的问题，详见吕振瑞《汉石经论语残字集证》（新加坡东艺印务公司 1975 年出版）。

〖《石经》古文〗魏初传古文出邯郸淳，《石经》古文转失淳法，石长八尺，广四尺，碑石四十八枚，广三十丈。魏文帝刊《典论》六碑，附于其次。陆机《太学赞》别一碑在讲堂，下载蔡邕、韩说、高堂溪等名。《太学弟子赞》复一碑在外。门中又一碑，汉顺帝阳嘉八年立，云建武二十七年造太学，永建六年九月诏书修太学，工徒十一万二千人，阳嘉九年八月作毕。有晋辟雍行礼碑，是太始二年立。（《续博物志》卷六）

【《石经》】蔡中郎《石经》：汉灵帝熹平四年，邕以古文、篆、隶三体书《五经》，刻石于太学。至魏正始中，又为《一字石经》，相承谓之七经正字。《唐志》又有《今字论语》二卷，岂邕《五经》之外，复有此乎？《隋经籍志》，凡言《一字石经》，皆魏世所为；有《一字论语》二卷，不言作者之名，遂以为邕所作，恐《唐史》误。北齐迁邕《石经》于邺都，至河滨，岸崩，石没于水者几半。隋开皇中，又自邺运入长安，寻兵乱废弃。唐初，魏郑公鸠集所余，十不获一，而传拓之本，犹存秘府。当时《一字石经》犹数十卷，《三字石经》止数卷而已。由是知汉《石经》之亡久矣。魏《石经》近世犹存，埋灭殆尽。

往年，洛阳守因阅营造司所弃碎石，识而收之，凡得《尚书》、《论语》、《仪礼》，合数十段。又有《公羊碑》一段，在长安，其上马日磾等所正定之本，据《洛阳记》日磾等题名，本在《礼记碑》，而乃在《公羊碑》，益知非邕所为也。《尚书》、《论语》之文，今多不同，非孔安国、郑康成所传之本也。独《公羊》当时无他本，故其文与今文无异。然皆残缺已甚。

宋敏求《洛阳记》云："汉灵帝诏诸儒正定《五经》刊石。熹平四年，蔡邕与五官中郎将堂溪典、光禄大夫杨赐、谏议大夫马日磾、议郎张驯、韩说、太史令单扬等奏定《六经》刊于碑后，诸儒晚学，咸取正焉。及碑始立，其观视及笔写者，车乘日千余两，填塞街衢。其碑为古文、篆、隶三体，立太学门外。"又云："魏正始中，立篆、隶、古文《三字石经》，又刊文帝《典论》六碑，附其次于太学，又非前所谓《一字石经》也。"

又，晋《石经》，隶书，至东魏孝静迁于邺，世所传《一字石经》，即晋隶书，又非魏碑也。今汉碑不存，晋、魏《石经》亦缪谓之蔡邕字矣。唐秘书省内有蔡邕《石经》数十段，后魏末自洛阳徙至东宫，又移将作内坊。贞观四年，魏徵奏于京师秘书内省置，武后复徙于秘书省，未知其《一字》与《三字》也。（《西溪丛语》卷上）

〖汉《石经》〗汉《石经》，灵帝时蔡邕与堂溪典、杨赐等建。请邕书刻石立太学门外。《北史·刘芳传》："汉造《石经》于太学。学者文字不正，多往质焉。号《石经》。"唐《石经》，文宗时，郑覃以宰相兼祭酒，建言，乃表周墀、崔球、张次宗、孔温业等，是正其文刻于石。见本《传》。晋惠帝时，裴頠奏修国学，刻石写经。本朝《石经》，胡恢所书。（《猗觉寮杂记》卷下）

〖《临汉石经》〗《临汉石经》与今文不同者殊多，《东观余论》略记之。如《书》"女毋翕侮成人"，今作"女毋侮老成人"；"保后胥高"，今作"保后胥戚"；"女永劝忧"，今作"汝诞劝忧"；"女有近则在乃心"，今"近"作"戒"；"女比犹念以相从"，今作"汝分猷"；"各翕中"，今作"各设中"；"尔谓朕曷祗动万民以迁"，今作"尔谓朕曷震动"；"天既付命"，今"付"作"孚"；"曰陈其五行"，今作"汩陈"；"严恭

寅畏天命,自亮以民祗惧",今"亮"作"度"、"以"作"治";"怀保小人,惠于矜寡",
今"人"作"民","于"作"鲜";"毋兄曰",今作"无皇曰";"则兄自敬德",今"兄"作
"皇";"且以前人之徽言",今作"受人之徽言";"是罔显哉厥世",今"哉"作"在";
"文王之鲜光",今作"耿光";"通殷就大命",今作"达殷集大命";《论语》"意与之
与",今"意"作"抑";"孝于惟孝",今"于"作"乎";"朝闻道,夕死可也",今"也"作
"矣";"是鲁孔丘与? 曰:是知津矣",今作"是鲁孔丘与? 曰:是也。曰:是知津
矣";"耰不辍,子路以告,子怃然",今作"耰而不辍,子路行以告,夫子怃然";"置
其杖而耘",今"置"作"植";"其斯以乎",今作"其斯而已矣";"譬诸宫墙",今"诸"
作"之";"贾诸? 贾之哉",今"贾"作"沽"。恨不得其全也。(《宾退录》卷一)

〖《石经》有七〗《石经》有七。汉熹平则蔡邕,魏正始则邯郸淳,晋裴颁,
唐开成中唐玄度,后蜀孙逢吉等,本朝嘉祐中,杨南仲等中书高庙御书。(《困学
纪闻》卷八)

〖洛阳张氏发地得汉《石经》〗近年洛阳张氏发地得石十数,汉蔡伯喈隶
《尚书》、《礼记》、《论语》,各已坏缺。(《邵氏闻见后录》卷六)

〔按〕记宋代汉《石经》残石的发现。残《石经》的出土,始于唐代。唐代之
后又有三次大批量的发现,一次在宋嘉祐年间(即洛阳张氏发地所得);
一次在民国初年;最近的一次是在1980年,于汉魏故城太学遗址出土(参
见《汉魏洛阳故城太学遗址新出土的汉石经残石》,中国科学院考古研究
所洛阳工作队,《考古》1982年第4期)。北宋仁宗嘉祐年间发现汉《石
经》残石后,宋人对《石经》产生浓厚兴趣,于是广为搜集,并且传刻考释。

〖《礼记》石经本〗宋子京判国子监,进《礼记》石经本。并请邵不疑同上
殿,以备顾问。无何,上问古文如何。必对:"古文大篆,于六体义训不通。今人
之浅学,遂于一字之中,偏傍上下,杂用古文,遂致乖乱。"又问林氏小学。必云:
"亦有长义。然亦有好怪处。"上一一问之。对云:"许慎《说文》,归字从堆从止
从帚,从堆为声。林氏云,从追于声为近。此长于许矣。许氏哭从叩从狱省文。
林乃云,象犬嗥。此怪也。"(《嘉祐杂志》)

第五章

杂

〖**新莽律权石**〗绍兴中,有渔者得一石于淮,状如瓜,于瓜瓣凸处有字,屡鬻而不售。淳熙十一年,王仲行尚书守卢,得之,出以示予。予曰:"乃新莽律权石。"字甚细,篆体类《诅楚文》,因为释之,曰:"律权石,重四钧。黄帝初祖,德□□于虞。虞帝始祖,德币于新。岁在大梁,龙集戊辰。戊辰直定,天命有民。工德受正号即真,改正建□。长寿隆崇,同律度量衡。□□当前□□,龙在己巳,岁次实沈。初班天下,方国永遵。子子孙孙,享传亿年。"按《汉书·律历志》,王莽"征天下通知钟律者百余人,使羲和刘歆等典领条奏"。其《权衡篇》曰:"衡,平也;权,重也。衡所以任权物平轻重也。""本起于黄钟之重,一籥容千二百黍,重十二铢,两之为两。二十四铢为两,十六两为斤,三十斤为钧,四钧为石。"《王莽传》,梓潼人哀章作铜匮,述符命,莽下书曰:"予以不德,托于皇初祖考黄帝之后,皇始祖考虞帝之苗裔,……敢不钦承,以戊辰直定。"师古注:"于建除之次,其日直定。"又《资治通鉴》:"莽始初元年,岁在戊辰,明年改元始建国,岁在己巳。"故其文有"皇初祖黄帝,始祖虞帝,戊辰直定"之语。赵石勒十八年七月造建德殿,得圆石,状如水碓,铭曰:"律衡石,重四钧,同律度量衡,有辛氏造。"续咸议是王莽时物,与此同。其间有一两字疑者阙之,以俟博识之君子。(《云麓漫钞》卷六)

【**石砮**】东坡作《石砮记》云:"《禹贡》荆州贡砺、砥、砮、丹及箘、簵、楛,梁州贡砮、磬。至春秋时,隼集于陈廷,楛矢贯之,石砮长尺有咫,问于孔子,孔子不近取之荆、梁,而远取之肃慎,则荆、梁之不贡此久矣。颜师古曰:'楛木堪为笴,今幽以北皆用之。'以此考之，用楛为矢，至唐犹然，而用石为砮，则自春秋以来莫识矣。"按《晋书·挹娄传》："有石砮、楛矢，国有山出石，其利入铁；周武王时，献其矢、砮，魏景元末亦来贡；晋元帝中兴，又贡石砮；后通贡于石虎，虎以夸李寿者也。"《唐书·黑水鞨鞈传》："其矢，石镞长二寸。"盖楛砮遗法，然则东坡所谓春秋以来莫识，恐不考耳。予家有一砮，正长二寸，岂黑水物乎？（《容斋随笔》卷八）

八 墓葬、遗址篇

第一章

墓　葬

〔**汉长沙王墓**〕余居之西背驿道，有地曰"金牛驿"，意古之邮亭也。驿旁有长沙王墓，远望如丘阜，故老相传曰："此汉长沙王墓也。"长沙王在汉故多，特未知其为谁。余游赣，闻有金精山者，始因吴芮将兵征南越尉陀，闻此山有美玉，凿石求之，遂通山路。或者吴芮尝至江西，而史不及也，此墓恐芮军所营尔。建炎叛卒尝发之，劚地寻丈，见石椁，皆锢以铁，卒不能启。其下有饮酒湖，地窪以深，可坐百人，俗传为奠酹成池。若非军旅中，恐不能如是也。（《独醒杂志》卷九）

〔**长安近城官道之侧有大古冢**〕长安近城官道之侧，有大古冢。以当行人常所往来，故独久存不毁。建炎初寇乱，有人发之。得古铜钟鼎之属甚多，验款识皆三代物。冢为隧道窟室，土坚如石。周匝皆刻成人物侍卫之状。其冠服，丈夫则幞头，妇人则段帉。衣皆宽袖，颇类今制而小异。乃知数千载冠服，已尝如此。（《睽车志》卷一）（铜篇重见）

〔按〕王仲殊《汉代考古学概说》（中华书局1984年出版）第八章《汉代的墓葬（上）》："汉以前的墓，包括从新石器时代、商代、西周以迄春秋、战国时代的墓，其墓圹主要是长方形的土坑，不论大小深浅如何，都是由地面一直往下掘，所以称为'竖穴'。"据上言墓葬特点，此墓不是三代之墓。王氏又言："西汉中期，在黄河流域开始流行在地下横掏土洞，作为墓圹，所以称为'横穴'。"上言"隧道窟室"显然属于横穴。而墓中刻画像也是汉墓的特点。另外，把画像特点与下引《梦溪笔谈》所载的汉墓画像比较，两者显然是同时代物。至于所言墓中铜器验款识乃三代物，未言铜器形制款识具体如何，无从稽考，有三个可能：一，定代标准有误；二，铜器乃汉代仿制品；三，铜器是汉人收集的古器。

〖汉大司徒朱鲔墓〗济州金乡县发一古冢，乃汉大司徒朱鲔墓，石壁皆刻人物、祭器、乐架之类。人之衣冠多品，有如今之幞头者，巾额皆方，悉如今制，但无脚耳。……人情不相远，千余年前冠服已尝如此。其祭器亦有类今之食器者。（《梦溪笔谈》卷第十九）

〔按〕这种汉墓考古学上称为"画像石墓"，它由雕刻着画像的石块筑造。画像石墓兴起于西汉末年，盛行于东汉，主要分布在东至山东、江苏，西至陕西、四川，北至山西，南至湖北的区域范围内。济州正在这个范围内。由墓室的石刻图像考察汉代服装制度，乃宋人考古精神的体现。从《梦溪笔谈》的描述来看，石壁画像的内容是表现墓主人在人间钟鸣鼎食的生活。《笔谈》但言"发一古冢"，不言因何发此墓。按宋初和南宋期间，都曾经下诏毁器铸钱，甚至"发古冢"取古器销毁铸钱。期间又因收藏古器成风，图利之人大肆发掘古墓以搜集古物。上言所发汉墓，难出此二者。

〖澧州古冢〗淳熙十四年，澧州慈利县周赧王墓旁五里山摧，盖古冢也，其中藏器物甚多。予甥余玠宰是邑，得一镎。……（《容斋随笔》续笔卷十一）（详见铜篇）

〖胡公棺〗仓颉本鸟迹为字，取其孳乳相生，故有六义。秦用篆文，烧书，古文遂绝。或曰，大篆出周宣王史籀，小篆出秦李斯及胡毋敬。又曰，古隶之书起于秦，省篆为隶以便文行剧务，以明隶者篆之捷也。或曰程邈于云阳增损。或云临淄人发古冢，得铜棺，前和外隐为隶字，言齐太公六世孙胡公之棺，唯三字是古隶，证知隶自古非始于秦。或曰，秦人王次仲变仓颉旧文为今隶文，始皇奇而召之，三征不至，秦槛车征之，次仲化为大鸟飞去，落二翮于山，山有大

翩小翩之名。(《续博物志》卷五)

〖胡公之棺〗隶书古今皆云程邈变篆为之。《水经·漯水》注:"王次仲变苍颉旧文为今隶书。始皇以次仲所易字,简便于事,三召不至。"次仲履真怀道,穷术数之美,则变隶不自程邈始,自王次仲始也。隶始于秦。然《水经》载:"临淄人发古冢,得铜棺为隶字,言齐太公世孙胡公之棺。惟三字是古隶。"又知隶非始于秦也。(《猗觉寮杂记》卷下)

〖太原高柴古墓〗古雕玉盘螭,尤奇。一螭角上有一小鼠,殊不可晓,或名云太虚鼠,又云虚木相符,皆不可晓。云皆太原之高柴古墓中,皆古玉,此物红如血,黑如漆,白如酥,五色具备,真神品也。(《云烟过眼录》卷三)(玉篇重见)

〖古冢〗余居负山,在溢城之中。先君未卜筑时,尝为戎帅皇甫斌宅。斌归于袁,虚其室。山有坚土,凡市之涂墍版筑,咸得而奋致之。无孰何者,遂罄其半。独余一面壁立。余家既来,始厉其禁,而山已不支。庆元元年五月,大雨隤其巅,古冢出焉。初仅数甓流下。其上有刻如瑞草,旁著字曰:"晋永宁元年五月造。"又有匠者姓名曰"张某",下有文如押字。隶或得之以献。莫知所从来。居数日,而山隤。墍周半堕。骨发棺椁,皆无存矣。两旁列瓦碗二十有余。左壁有一灯,尚荧荧。取之即灭。犹有油如膏,见风凝结不可抉。碗中有甘蔗节。他皆已化。有小瓷瓶,如砚滴。窍其背为虾蟆形,制甚朴。足下有一瓦盆,如褒器。有铜带数铐。鬈合,余者一片傅木如铁。有半镜。一铜盆,绝类今洗罗,殊无古制度。中有双鱼。盆底有四环附著,不测其所以用。一铜杆,穴底,与市井庖人汁器同制。每甓著年月姓名,如先狱者。环墍皆是。碣曰:"晋征虏将军墓。"余既哀而掩之。既数日复雨。山无址,竟埋焉。余考《晋书》,永宁盖惠帝年号,距今九百余载。是时盖未有城郭。征虏之名,汉虽有之,在晋以此官显者,不著于史。又无名氏可见。甓范必有字。古人作事,如此不苟。押字之制,世以为起于唐韦陟五朵云,而不知晋已有之。余固疑其似而非,又不可强识。亦可异也。凡物皆腐,而灯烛尚明。骊山人鱼之说,固容有之。萧统《文选·吊冥漠君文》亦有蔗,意其肴核之所重云。陶器以再隤皆碎裂。余或为亲识间持去。盆杅仅在。而余侍亲如闽，留于家。丙辰岁，诏禁挟铜者。州家大索以输严之神泉监。家人惧，杅复偕送官。独盆偶楗他所，今乃岿然存。其出其毁，要必有时。亦重可叹也。因志于此以俟博识。(《桯史》卷一)

〖华人发古冢〗华人发古冢，得砖，皆有刻字，曰："晋升平四年，三月四日，大学博士陈留郡雍丘县都周阐字道舒妻活，晋浔阳太守谯国龙堈县栢逸字茂长小女，父晋安城太守鹰扬，男讳蟠字永时，皆镌同文。"此周阐之妻、百逸之女墓也。父晋安太守鹰扬男讳蟠者，盖阐之父，故独称讳。但其妻名活，何义？字画极分明无讹。其中无他物，惟其铜铫一，三足，螭柄，面阔四寸余，深半之。制作不甚工，野人来求售，余适得之。云尚有一石台，高二尺许，有花文，先为溪南人取去。升平四年至今绍兴十六年，正七百八十七年，自有道观之，殆朝暮耳。今吾复居于此，未知后七百八十七年，来者复谁。聊亦可以一笑也。(《岩下放言》卷上)(陶篇重见)

【上饶古冢】先人罢信幕，暂寓法曹廨房，室间忽地陷尺许，微露棺和，亟迁避他宇。扣于州之耆旧，皆言下乃古冢，素多影响。向有法曹黄姓者，具牲酒，自占数语祭之。方图择高爽地以改卜，是夕梦一伟丈夫来致谢，且云："陵谷变迁何常，业久处此，望相安存。"辉因思自谢惠连祭冥漠君之后，多仿其体。曾文昭子开亦有《瘗瓦棺文》，上饶寓公尹少稷谏议常称高妙可配东坡《徐州祭枯骨》之作："元祐七年正月，南京浚南湖，得瓦棺五，长者才三尺余，阔不逾尺，厚不及寸。瓦有从文，初若坚致，触之皆坏。留守曾肇既往视之，命迁瘗于湖之东南若干步高阜之地，祭以酒果。按《礼》：有虞氏瓦棺，夏后氏堲周，商人棺椁，周人墙置翣。周人以商人之棺椁葬长殇，以夏后氏之堲周葬中殇、下殇，以有虞氏之瓦棺葬无服之殇。此棺其葬殇者欤？乃吊之曰：虞耶夏耶？商、周之人耶？势耶富耶？抑贱而贫耶？生于何乡几晦朔，瘗于此地几春秋耶？夭寿归于共尽，老聃、彭祖与子其均耶？瓦为藏而水为宅，岂不复子之真耶？改卜高原，既深且固，于子为戚，抑为欣耶？有知也耶？无知也耶？尚有知也，其肯舍故而从新耶？"亦载在《曲阜集》。(《清波杂志》卷十二)

〔按〕曾肇《瘗瓦棺文》今本《曲阜集》无之，清陆心源《群书校补·曲阜集补》亦失收。所以《清波杂志》这段文字最有价值之处就在于它保存了北宋元祐七年正月发现瓦棺之事的记录。按陕西淳化县铁王公社铁王大队曾经分别于 1980 年 8 月、1981 年 4 月两次发现汉代陶棺共十一具。陶棺灰胎质坚，器壁平整，外壁饰凸菱格纹，内壁素面，壁与壁、壁与底相接处有抹光的痕迹。棺盖素面。十一具陶棺形制相同，大小有别，最大的长 162 厘米、宽 52 厘米、高 30 厘米、厚 4 厘米；最小的长 93 厘米、宽 37 厘米、高 22 厘米、厚 2.4 厘米（详见淳化县文化馆《陕西淳化县出土汉代陶棺》，《考古》1983 年第 9 期）。

〖石函〗建炎二年，庐陵城颓圮，太守杨渊兴役修治之。掘土数尺，得一石函，中有朽骨，旁有一镜。役工方聚观，或以告渊。渊令取镜洗而视之，其背有文曰："唐兴元之初，仲春中巳日，吾季爱子役筑于庐陵，殒于西垒之垠，未卜窆于他所，就瘗于西垒之巅。吾卜斯土，后当火德九五之间，世衰道败，丧乱之时，浙梁相继。章贡邦昌之日，吾子亦复出于是邦，东平鸠工，决使吾季爱子听命于水府矣。京兆逸公深甫记。"渊览而异之，急遣问石函所在，则役夫以为不祥，弃之于江矣。（《独醒杂志》卷五）

〖琉璃王冢〗扬州天长道中，地名甘泉。有大古冢如山。未到三十里，已见之。土人呼为琉璃王冢。按广陵王胥，武帝子也。都于广陵。后至宣帝时，坐谋不轨，赐死。谥曰"厉"。后人误以"刘厉"为"琉璃"尔。汉制，天子诸侯即位，即立太子，起陵冢。故能如此高大。胥虽以罪死，尚葬其中。故胥且死，谓太子垻曰："上遇我厚，今负之其。我死，骸骨当暴。幸而得葬。薄之无厚也。"旁有居民数十家。地名甘泉，或恐胥僭拟云。（《嬾真子》卷五）

〖梁孝王墓〗亳州永城县之七十里，有芒砀山。山有岩，曰紫气。此盖高帝避难所也。复有梁孝王墓。仆尝与宿州知录邵渡同游。入遂道中百余步，至皇堂如五间七架屋许大。周回有石门子十许，上镌作内臣宫女状。中有大石柱四，所以悬棺。棺不复见矣。入时必用油圈以为烛。其中盛夏极凉，如暮秋时。山下有居民数百家。今谓之保安镇。盖当时守冢之遗种也。土人呼墓为梁王避暑宫。故老云：前数年，时有人入其中，常得黄金而出。今不复有矣。《孝王传》云："未死，财以钜万计，不可胜数。及死，府藏余黄金尚四十余舆。他财物称是。"想见当时送葬之物厚矣。魏武帝置发冢中郎、摸金校尉。如此冢盖无不发者。然古人作事，奇伟可惊，非后世可比也。（《嬾真子》卷四）

〖**帝陵**〗十五日，早过吕城闸。始见独辕小车。过陵口，见大石兽偃仆道旁，已残缺。盖南朝陵墓。齐明帝时王敬则反，至陵口恸哭而过，是也。余顷尝至宋文帝陵。道路犹极广。石柱承露盘及麒麟辟邪之类皆在。柱上刻"太祖文皇帝之神道"八字。至梁文帝陵。文帝，武帝之父也。亦有二辟邪尚存。其一为藤蔓所缠，若系缚者。然陵已不可识矣。其旁有皇业寺，盖史所谓皇基寺也。疑避唐讳所改。二陵皆在丹阳，距县三十余里。郡士蒋元龙子云谓予曰："毛达可作守时，有卖黄金石榴来禽者。疑其盗，捕得之。果发梁陵所得。"夜抵丹阳，古所谓曲阿，或曰云阳。谢康乐诗云："朝日发云阳，落日到朱方。"盖谓此也。（《入蜀记》卷一）

历代帝陵（略）（《识遗》卷二）

〖**春秋墓葬等级**〗《春秋纬·含文嘉》曰："天子坟高三仞，树以松。诸侯半之，树以柏。大夫八尺，树以栾。士四尺，树以槐。庶人无坟，树以杨柳。"（《侯鲭录》卷六）

【**人君葬地为山陵**】汉以来人君所葬之地为山陵，如高祖之长陵是已。然吕不韦说秦昭王太子曰："王之春秋高，一日山陵崩，太子用事。"注云："山陵，喻尊高也。崩，死也。"然则以葬地为山陵久矣。出《战国策》。（《能改斋漫录》卷一）

【**李白坟**】李白坟在太平州采石镇民家菜圃中。游人亦多留诗。然州之南有青山，乃有正坟。或云，太白平生爱谢家青山，葬其处，采石特空坟耳。世

传太白过采石,酒狂捉月。窃意当时藁殡于此,至范侍郎为迁窆青山焉。(《侯鲭录》卷六)

【杜子美坟】杜子美坟在耒阳,有碑其上。《唐史》言:"至耒阳以牛肉白酒,一夕醉饱而卒。"然元微之作子美墓志曰:"扁舟下荆楚,竟以寓卒,旅殡岳阳。至其子嗣业,始葬偃师首阳山。"当以墓志为正。盖子美自言晋当阳杜元凯之后,故世葬偃师首阳山。又子美父闲常为巩县令,故子美为巩县人。偃师首阳山在官路,其下古冢累累。而杜元凯墓犹载图经可考。其旁元凯子孙附葬者数十。但不知孰为子美墓耳。(《侯鲭录》卷六)

〖杜少陵墓〗杜少陵卒于荆楚,归葬于陕,此元微之墓志所载。而衡之耒阳有少陵墓,史氏因以为聂令具牛酒迎之,一夕大醉而卒,故聂令因为之藁葬。微之志云:"旅殡岳阳,其孙元和中改葬于巩,请志其墓。"当以是为正,史氏未详本末也。陶母不知终于何地,而今陶母墓在在有之,新淦阓阓中亦有陶母墓。李太白世传乘醉捉月溺死于水,今白墓在采石,又在州东青山。一所而有二墓,耒阳少陵墓殆此类耳!(《独醒杂志》卷三)

【古今忠烈孝义贤士墓】夏后氏之墓,见于晚周。女娲之坟,考之自唐明皇朝天宝年至今,几四百有余年,尚存也。夫陵谷变迁,高深易位,彼何能若是之久哉?盖圣帝明王,天相神护,以至于斯耳。今摭钱塘、仁和两县之古冢,备录于后。唐杜牧墓,在南山东南,与佛日山夹境。名杜牧坞是也。吴越文穆忠献王墓,在龙山之南。吴越孝献世子墓,在天竺前山。吴越忠懿妻贤德顺睦妃孙氏墓,在石人岭下。吴越王妃仰氏墓,在龙井山放马场。按表忠观碑刻,载钱氏墓在钱塘者,凡二十有六墓焉。吴越太尉开国薛公墓,在灵石山。吴越给事罗隐墓,在钱塘定山乡。和靖先生林处士墓,在孤山。杭守胡则侍郎墓,在龙井广福寺之麓。都尉周仰、待制周邦彦、少师元绛三墓,俱在南荡山。文宪强渊明、襄恪赵密等墓,并在西溪钦贤乡。少宰刘正夫墓,在真珠岭。枢密章粢墓,在宝石山。寺丞陈刚中墓,在龙井岭上沙盆坞。敬恭仪王赵仲湜墓,在西湖显明寺。王生时有紫光照室,视之则肉块。以剑剖开,婴儿在内。靖康时,诸军欲推而立之,仗剑而晓谕诸军曰:"自有真王。"其军犹未退。遂自拔剑欲刺,六军方退。约以逾月真王出。众喑,言若真王不出,则王当立矣。王阳许之,而阴实缓其期。未几,高庙即位于应天。王闲关而南。自后上屡嘉叹忠义如此。王尝自赞其像曰:"惟忠惟孝,不污不苟。皓月清风,良朋益友。湛然灵台,确乎不朽。"浙西提刑龙图周格墓,在独角门步司前军寨前。殿撰周杞墓,在徐范村之间。忠毅毕再遇墓,在西溪。秘阁朱弁墓,在西湖。丞相李文靖墓,在小隐山。紫芝赵师秀墓,在葛岭。花翁孙季蕃墓,在水仙庙侧。淳固先生宋斌墓,在资国寺之右。忠武岳鄂王墓,在栖霞岭下。(《梦粱录》卷十五)

【历代古墓】晋杜子恭墓,在钱塘。唐马三宝墓,在行春桥水竹坞教场内。其墓于绍兴末,因增广教场,惟此冢独高大,寨卒欲去之。方举锸间,墓中有黑蜂数百,飞出着人。不可向而止。是夕步帅感梦。有一衣黄服之人曰:"吾前王之子,葬此已久。祈勿毁。"辞语甚切。次早有本军申至应梦。遂辍其役。丁兰母冢。故居在艮山门外三十六里丁桥之右。母死,刻木事之如生。冢在姥山之东。唐孝女墓,在钱塘孝女南乡。故老相传,昔有唐媿娘,年十二三。母病,曾刲取肝,和粥以进母。母病愈,而媿娘以疮破入风而死。里人葬于此。美其孝,故名曰唐孝女墓记之。亚父冢,在皋亭山。木娘墓,在艮山门太平乡华林里蔡塘东。昔蔡汝拨之庶母沈氏卒,汝拨尚幼。父用火葬。汝拨伤母无松楸之地,尝言之辄泣。自后长成,以木刻母形,以衣衾棺椁择地而葬之。仍置田亩,造庵舍,命僧以奉晨香夕灯。乡人遂称为木娘墓。苏小小墓,在西湖上。有"湖堤步游客"之句,此即题苏氏之墓也。(《梦粱录》卷十五)

【《异苑》有误处】《异苑》云:"魏武北征蹋顿,升岭眺瞩,见山冈不生百草。王粲曰:'是古冢。此人在世服矾石,葬而石生热,蒸出外,故卉木焦灭。'即令发看,果得大墓,内有矾石满茔。"

据《本经》,矾石性寒。《异苑》云热,盖误矣,乃礜石也。又:魏武六年,平乌丸,王粲犹在荆州,其说非也。一说粲在荆州与刘表登彰山,尝见此异。(《西溪丛语》卷下)

【温公论碑志】温公论碑志，谓："古人有大勋德，勒铭钟鼎，藏之宗庙。其葬则有丰碑以下棺耳。秦汉以来，始命文士褒赞功德，刻之于石，亦谓之碑。降及南朝，复有铭志埋之墓中。使其人果大贤耶？则名闻昭显，众所称颂，岂待碑志始为人知？若其不贤也，虽以巧言丽辞，强加采饰，徒取讥笑，其谁肯信？碑犹立于墓道，人得见之。志乃藏于圹中，自非开发，莫之睹也。"盖公刚方正直，深嫉谀墓而云。然予尝思之，藏志于圹，恐古人自有深意。韩魏公四代祖葬于赵州，五代祖葬于博野。子孙避地，历祀绵远，遂忘所在。魏公既贵，始物色得之，而疑信参半。乃命仪公祭而开圹，各得铭志。然后韩氏翕然取信，重加封植而严奉之。盖墓道之碑，易致移徙。使当时不纳志于圹，则终无自而知矣。故予恐古人作事，必有深意。藉志以谀墓则固不可，若止书其姓名、官职、乡里，系以卒葬岁月，而纳诸圹，观韩公之事，恐亦未可废也。（《梁溪漫志》卷六）（石刻篇重见）

〔按〕墓志与神道碑的不同之处就在于碑立于墓前，墓志藏于圹中。墓志始用于东汉，沿用至南北朝，北朝魏齐间最为盛行，隋唐以后其制度已非实用。

〖古葬无石志〗《封氏见闻》云："古葬无石志。近代贵贱通用之。齐太子穆妃将葬，议立石志。王俭曰：'石志不出《礼经》。起元嘉中颜延之为王珍《封氏见闻》作"琳"石志。素族无名策，故以纪行迹耳。遂相祖习。储妃之重礼绝常例，既有哀策，不烦石铭。'俭初著《丧礼》云：'施石志于圹内，古无此制。然孝子无以扬先人之德，刻石纪功。亦不必纯用古制也。'"（《侯鲭录》卷六）

〖随侯祭墓台〗古之祭墓，与后世不同。随州有随侯冢山，形如飞凤，冢在其背，于对山下筑台，号为"祭墓台"，至今人呼为"随侯祭墓台"。（《云麓漫钞》卷十）

〖柩之有旐〗柩之有旐，《礼》曰："死者不可别已，故以其旗识之。"古人施于柩侧，近俗多以竹悬出于屋，阴阳家从而附会之，以为死之魄，悠扬于太空，认此以归。如浙东温、台以至江东诸郡，兼采释氏之论，从而易为幡，植巨木高

入云表,苟多子则立幡相接,尤可怪。(《云麓漫钞》卷四)

【棺盖悬镜】今世有大殓而用镜悬之棺盖,以照尸者,往往谓取光明破暗之意。按《汉书·霍光传》,光之丧,赐东园温明。服虔曰:"东园处此器,以镜置其中,以悬尸上。"然则其来尚矣。(《癸辛杂识》续集卷下)

【土木偶人】赵德甫作《金石录》,其跋汉居摄坟坛二刻石云:"其一上谷府卿坟坛,其一祝其卿坟坛。曰坟坛者,古未有土木像,故为坛以祀之。两汉时皆如此。"予案《战国策》所载,苏秦谓孟尝君曰:"有土偶人与桃梗相语。桃梗曰:'子西岸之土也,埏子以为人,雨下水至,则汝残矣。'土偶曰:'子东国之桃梗也,刻削子以为人,雨降水至,流子而去矣。'"所谓土木为偶人,非像而何?汉至寓龙、寓车马,皆谓以木为之,像其真形。谓之两汉未有,则不可也。(《容斋随笔》四笔卷五)

第二章

遗　址

【古迹不可考】郡县山川之古迹，朝代变更，陵谷推迁，盖已不可复识。如尧山、历山，所在多有之，皆指为尧、舜时事，编之图经。会稽禹墓，尚云居高丘之颠，至于禹穴，则强名一罅，不能容指，不知司马子长若之何可探也？舜都蒲坂，实今之河中所谓舜城者，宜历世奉之唯谨。按张芸叟《河中五废记》云："蒲之西门所由而出者，两门之间，即舜城也，庙居其中，唐张宏靖守蒲，尝修饰之。至熙宁之初，垣墉尚固。曾不五年，而为埏陶者尽矣。舜城自是遂废。又河之中泠一洲岛，名曰中潬，所以限桥。不知其所起，或云汾阳王所为。以铁为基，上有河伯祠，水环四周，乔木蔚然。嘉祐八年秋，大水冯襄，了无遗迹。中潬自此遂废。"显显者若此，他可知矣。东坡在凤翔，作《凌虚台记》云："尝试登台而望其东，则秦穆之祈年、橐泉，其南则汉武之长杨、五柞，其北则隋之仁寿、唐之九成也。记其一时之盛，宏杰诡丽，坚固而不可动。然数世之后，欲求其仿佛，而破瓦颓垣，无复存者。"谓物之废兴成毁，皆不可得而知，则区区泥于陈迹，而必欲求其是，盖无此理也。《汉书·地理志》，扶风雍县有橐泉宫，秦孝公起。祈年宫，惠公起。不以为穆公。（《谷斋随笔》续笔卷十二）

【灵渠】湘水之源，本北出湖南。融江本南入广西。其间地势最高者，静江府之兴安县也。昔始皇帝南戍五岭，史禄于湘源上流漓水一派凿渠。逾兴安而南注于融，以便于运饷。盖北水南流，北舟逾岭，可以为难矣。禄之凿渠也，于上流砂碛中，叠石作铧觜。锐其前，逆分湘水为两。依山筑堤为溜渠，巧激十里而至平陆。遂凿渠绕山曲。凡行六十里，乃至融江而俱南。今桂水名漓者，言离湘之一派而来也。曰"湘"曰"漓",往往行人于此销魂。自铧嘴分水入渠,循堤而行二里许,有泄水滩。苟无此滩,则春水怒生,势能害堤,而水不南。以有滩杀水猛势,故堤不坏,而渠得以溜湘余水缓达于融。可以为巧矣。渠水绕逦兴安县,民田赖之。深不数尺,广可二丈,足泛千斛之舟。渠内置斗门三十有六。每舟入一斗门,则复闸之。俟水积而舟以渐进,故能循崖而上,建瓴而下,以通南北之舟楫。尝观禄之遗迹,窃叹始皇之精忍。其余威能固水行舟,万世之下乃赖之。岂唯始皇,禄亦人杰矣。因名曰灵渠。(《岭外代答》卷一)

【秦城】湘水之南,灵渠之口,大融江小融江之间,有遗堞存焉。名曰秦城。实始皇发谪戍五岭之地。秦城去静江城北八十里。有驿在其旁。张安国纪之诗曰:"南防五岭北防胡,犹复称兵事远图。桂海冰天尘不动,谁知垅上两耕夫。"北二十里有险曰严关,群山环之,鸟道微通,不可方轨。此秦城之遗迹也。形势之险、襟喉之会、水草之美、风气之佳,真宿兵之地。据此要地以临南方。水已出渠,自是可以方舟而下;陆苟出关,自是可以成列而驰。进有建瓴之利势,退有重险之可蟠。宜百粤之君,委命下吏也。(《岭外代答》卷十)

【古富州】古富州,今昭州昭平县。在漓江之滨,荆棘丛中。止有三家茅屋,及一县衙。真所谓三家市也。有舟人登岸饮酒,遂宿茅屋家。夜半,觉门外托托有声。主人戒之曰:"毋开门,此虎也。"奴起而视之,乃一乳虎,将数子以行。今为县乃尔,不知昔日何以为州耶?(《岭外代答》卷十)

【陟屺寺】钦州灵山县东南三十里,有武利场。俗传唐则天母氏故里也。去场不远,有陟屺寺遗址。云则天念母,为建寺祈福之地。犹有丰碑断裂茅桧间。字画略可辨。其文则卢肇奉敕撰。按则天父武士镬,晋人。母杨,未详家何地。后得志,封荣国夫人。荣国卒,后出珍币,建佛庐以徼福。然则陟屺之说,固苗裔矣。惜肇碑刻剥落不可考也。然亦可疑。肇,袁州人,奋迹武宗朝。去则天固远,将奉何敕作记耶?(《岭外代答》卷十)

〖**蜀地古迹**〗十六日,早发云阳。汲玉乳井水。井在道旁观音寺,名列水品，色类牛乳，甘冷熨齿。井额陈文忠公所作，堆玉八分也。寺前又有练光寺，下阚练湖。亦佳境。距官道甚近，然过客罕至。是日见夜合花方开。故山开过已月余，气候不齐如此。过夹冈。有二石人植立冈前，俗谓之石翁石媪。其实亦古陵墓前物。自京口抵钱塘，梁陈以前不通漕。至隋炀帝始凿渠八百里。皆阔十丈。夹冈如连山，盖当时所积之土。朝廷所以能驻跸钱塘，以有此渠耳。汴与此渠皆假手隋氏，而为吾宋之利，岂亦有数邪？……（《入蜀记》卷一）

〖古白虎庵遗址〗代州五台山太平兴国寺者，直金刚经窟之上，乃古白虎庵之遗址也。相传云，昔有僧诵经庵中。患于乏水。适有虎跑足涌泉。鬵沸徐清，挹酌无竭。因号虎跑泉。而庵以此得名。（《曲洧旧闻》卷四）

〖孔夫子巷〗《建康图经》有孔子巷。晋孝武太元十一年，立宣尼庙，后移庙过秦淮水北，以旧处为孔子寺巷，曰孔子巷。今平江府亦有孔夫子巷，盖崇观间，兴三舍，于此建长洲县学，后罢舍法，学亦废。今基址如故，地则归临安裴氏，目为孔夫子巷。嘉泰改元，郡立坊名，不知考此，遂榜为孔圣坊。大抵南中言"孔夫子巷"者，皆此义，正如道家说黄帝，凡山水耸秀，皆云黄帝于此上升，曾不知黄帝未尝南游也。（《云麓漫钞》卷四）

【黄芦城干】长城之旁居人，以积雨后或有得坚木于城土中，识者谓名"黄芦木"。乃当时用以为城干用者，性极坚劲，不畏水湿而耐久，至今一二千年犹有如楹大者，以之为枪干最佳。盖筑城无以为干不可，所谓不谨而置薪焉者，又何邪？（《癸辛杂识》续集卷上）

【华岳阿房基】王国用金省云："五岳惟华岳极峻，直上四五十里，遇无路处皆挽铁絙以上。有西岳庙在山顶，望黄河一衣带水耳。所谓龙池者仅方丈，龙在则水深黑，龙不在则清见底。山有郭仙姑者，年二百六·七十岁矣，曾事陈希夷，又常随吕公游于世。"又云："阿房宫基址尚存，前殿从广各数里，可容万人，其大可知。"（《癸辛杂识》续集卷下）

【成都大成殿】成都大成殿,建于东汉初平中,气象雄浑。汉人以大隶记其修筑岁月,刻于东楹。至今千余年,岿然独存,殆犹鲁灵光也。绍兴丙辰,高宗因府学教授范仲殳有请,亲御翰墨,书"大成之殿"四字赐之。其后胡承公世将宣抚川陕,治成都,诣殿周视栋梁。但为易其太腐者,增瓦数千而不敢改其旧云。(《梁溪漫志》卷六)

九 仿制篇

165

【伪古铜器】其法以水银杂锡末，即今磨镜药是也。先上在新铜器上令匀，然后以酽醋调细碙砂末，笔蘸匀上，候如蜡茶之色，急入新汲水满浸，即成蜡茶色。候如漆色，急入新汲水浸，即成漆色。浸稍缓即变色矣。若不入水，即成纯翠色。三者并以新布擦，令光莹，其铜腥为水银所匮，并不发露。然古铜声微而清，新铜声洪而浊，不能逃识者之鉴。（《洞天清录》）

【香炉】古以萧艾达神明，而不焚香，故无香炉。今所谓香炉，皆以古人宗庙祭器为之，爵炉则古之爵；狻猊炉则古踽足豆；香球则古之鬶，其等不一。或有新铸而象古为之者，惟博山炉也，乃汉太子宫所用者。香炉之制始于此。亦有伪者，当以物色辨之。（《洞天清录》）

〖作九鼎〗崇宁甲申议作九鼎，有司即南郊为冶，用中夜时上为致肃不寐，至是于寝望之，焚香而再拜焉，及即就寝，已仿四鼓矣。忽有神光达禁中，政烛福宁殿，红赤异常，宫殿于是尽明如昼，殆晓始熄。鼎一铸而成，乃取佑神观旁地立九成宫，随其方为室，成九室以奠鼎，命鲁公为奉安礼仪使。又方其讲事也，辄有群鹤几数千万飞其上，蔽空不散。翌日上幸之，而群鹤以千余又来，云为变色，五采光艳。上亦随方入其室，焚香为再拜，从臣皆陪祀于下。先是，方士魏汉津议，其制各取九州之水土，常内鼎中。及上行礼至北方之宝鼎也，鼎忽漏水，流浸布地。且鼎金厚数寸，水又素贮鼎中，未始有罅隙，不当及上焚香时泄漏。漏乃旋止，故上深讶焉，鲁公为不乐。于是刘炳进曰："鼎之水土，皆取于九州之地中,独宝鼎者取其水土于雄州白沟之界上,非幽燕之正方也。岂此乎?"故当时尤以为神,然厥后终以北方而致乱矣。又政和六年,用方士王仔昔建言,徙九鼎入于大内,作一阁而藏之。时鲁公为定鼎使。及帝鼐者行,亦有飞鹤之详,云气如画卦之象。帝鼐后改曰"隆鼐"。既甚大,以万众曳之,然行觉不大用力。其去疾速,时人皆异之。(《铁围山丛谈》卷一)

【十八鼎】夏禹铸九鼎,唯见于《左传》王孙满对楚子,及灵王欲求鼎之言,其后《史记》乃有鼎震及沦入于泗水之说。且以秦之强暴,视衰周如机上肉,何所畏而不取?周亦何辞以却?赧王之亡,尽以宝器入秦,而独遗此,以神器如是之重,决无沦没之理。泗水不在周境内,使何人般异而往,宁无一人知之以告秦邪?始皇使人没水求之不获,盖亦为传闻所误。三《礼》经所载钟彝名数详矣,独未尝一及之,《诗》《易》所书,固亦可考,以予揣之,未必有是物也。唐武后始复置于通天宫,不知何时而毁。国朝崇宁三年,用方士魏汉津言铸鼎,四年三月成,于中太一宫之南为殿,名曰九成宫。中央曰帝鼐,北方曰宝鼎,东北曰牡鼎,东方曰苍鼎,东南曰冈鼎,南方曰彤鼎,西南曰阜鼎,西方曰晶鼎,西北曰魁鼎。奉安之日,以蔡京为定鼎礼仪使。大观三年,又以铸鼎之地作宝成宫。政和六年,复用方士王仔昔议,建阁于天章阁西,徙鼎奉安。改帝鼐为隆鼐,余八鼎皆改焉,名阁曰圆象徽调阁。七年,又铸神霄九鼎,一曰太极飞云洞劫之鼎,二曰苍壶祀天贮醇之鼎,三曰山岳五神之鼎,四曰精明洞渊之鼎,五曰天地阴阳之鼎,六曰混沌之鼎,七曰浮光洞天之鼎,八曰灵光晃曜炼神之鼎,九曰苍龟大蛇虫鱼金轮之鼎。明年鼎成,置于上清宝箓宫神霄殿,遂为十八鼎。续又诏罢九鼎新名,悉复其旧。今人但知有九鼎,而十八之数,唯朱忠靖公《秀水闲居录》略纪之,故详载于此。(《容斋随笔》三笔卷十三)(铜篇考史章重见)

造九鼎(略)(《能改斋漫录》卷十二)

【音乐】周相王朴既定乐,本朝因用之,神文尝诏和岘等修焉,又有和氏乐,神文复命李照别制,然所用者惟王乐耳。永丰间,永裕遣知音者讲绎是正,遂废王乐而用李乐。范蜀公以为宫商之不相比,乃自制上之。元祐初,太常审议,卒用李乐。协律郎陈沂圣与谓予曰:"王乐高二律,是以太簇为黄钟也;范乐下二律,以无射浊倍为黄钟也。其得中声之合,惟李照乐云。"(《麈史》卷上)

【音乐】蜀公素留心太乐,既居许,募工范铜为周釜、汉斛各一枚,尝示予曰:"此律度之祖也,知此则可以知乐矣。"又以为今乐之声,宫不足而商有余,故常大臣休休偃伏于私,而是日天子或御便坐以按军旅,乐之应也,遂改制音律上之。元祐初,下太常议其乐,以为声下而不用。(《麈史》卷上)

【音乐】予尝问圣与曰:"乐之高下不合中声,何以察之? 是以积黍定管生律而知耶?"圣与曰:"不然。凡识乐者惟在于耳聪明而已。今高乐,其歌者必至于焦咽而彻。下乐,其歌者必至于晻塞而不扬,以此自可以察之。"又云:"今教坊乐声太高,神宗因见弦者屡绝而易,歌者音塞而气单,遂问其然。对曰:'以太高故也。'上曰:'为下两格可乎?'乐工拜而谢焉。遂下两格,乃两律矣。今教坊与京师悉以新乐从事,他处或未用之。"(《麈史》卷上)

〖汉斛之法〗汉斛之法,方尺而圆其外,庞旁九厘五毫、其实十斗,积百六十二万分,二千龠之实也。不言深而言方者,无分寸之别也;圆其外者,亦相生之数也。其上为斛,其下为斗,左耳为升,右耳为合。云耳者,谓升合如耳形,附于斛之左右也。今胡瑗之升合皆方制之,而斛方一尺,深一尺六寸二分,是以方分置算而然也。龠其状似爵者,谓圆如爵也。今之龠方一寸,深八分一厘,亦以方分置算也。上三下二者,谓斛在上并升合为三也,斗在下并龠为二也。圆而函方斛之形也,上下皆然也。今上以圆函方,下为方斗而已。左一右二者,升在上而左,合在上,龠在下而俱右也。今合、龠俱在上而龠俯。自聂崇义失之于前,而胡瑗、阮逸踵之于后。夫釜、斛非是,而欲考正黄钟,安可得也!(《东斋记事》卷二)

〔按〕《东斋记事》由于保存了大量价值重大的北宋史实材料,历来为史家所重视。著者范镇,字景仁,北宋仁宗宝元元年进士,历仕仁、英、神、哲四朝,封蜀郡公。其人精通乐理,著有《乐书》三卷,参与修订《唐书》。

〖音乐〗燕龙图肃判太常寺，建言今之乐太高，始下诏天下求知音者。李照言乐比古高五律，面胡瑗、阮逸相继出矣。李照之乐，以纵黍累尺，黍细面尺长，律之容乃千七百三十黍。胡瑗以横黍累尺，黍大而尺短，律之容千二百黍，而空径乃三分四厘六毫。空径三分四厘六毫，与容千七百三十黍，皆失于尺而生律也。阮逸又欲以量求音，皆非也。最后有成都房庶者，亦言今之乐高五律，盖用唐乐而知之。自收方响一、笛一，皆唐乐也。其法以律生尺，而黍用一秬二米。是时，无二米黍，据见黍为律。虽无千七百三十黍之谬，与三分四厘六毫之差，然其声才下三律，盖黍细尔，其法则是矣。王原叔洙、胡瑗大不喜其说。朝廷但授庶试秘书省校书郎，不究其说而止。庶，玄龄之后，其为人简脱，尝与乡荐，然好音，宋子京祁、田元均况皆荐而召之。是时，丁正臣亦收牙笛二，与庶笛同。予尝于雄州王临处得北界笛一，比太常乐下四律、教坊乐下二律，犹高于唐乐一律。又尝于才元处得并州铜尺一，比太府尺长三分，以之定律，与唐乐声同。太府尺定律与北界笛同，二者必有一得也。若得真黍，用房庶法为律以考之，其为至当不疑矣。真黍，一秬二米者。世尝言王朴为知乐，而不知乐之坏自朴始也。初，太常钟磬皆无款志，朴用横黍尺制律，命其钟磬而志刻之。太祖患乐太高，和岘用影表尺八寸尺也，故乐比唐为高五律矣。今太常镈钟最大者，声中唐之黄钟，志刻乃云林钟，余钟率皆如此。李照则多镵凿旧钟以合其律，而钟磬又不如朴时，虽非本声，而其器尚完也。惜哉！司马君实内翰光于予莫逆之交也，惟议乐为不相合。君实以胡瑗一黍广为尺，而后制律；予用房庶一黍之起，积一千二百黍之广为律，而后生尺。律之法曰凡律围九分，以尺而生律者，律为十分三厘八毫矣。以其不合，又变而为方分，其差谬处不可一二数也。以律生尺，九十分黄钟之长，加十分以为尺。凡律皆径三分，围九分，长九十分，积实八百一十分。自九十分三分损益之，而十二律长短相形矣。自八百一十分三分损益之，而十二律积实相通矣。往在馆阁时，决于同舍，同舍莫能决，遂奕棋以决之，君实不胜，乃定。其后二十年，君实为西京留台，予往候之，不持他书，唯持所撰《乐语》八篇示之。争论者数夕，莫能决，又投壶以决之，予不胜。君实欢曰：“大乐还魂矣！”凡半月，卒不得要领而归。岂所见然耶？将戏谑邪？抑遂其所执不欲改之耶？俱不可得而知也。是必戏谑矣。（《东斋记事》卷二）

〔按〕《宋史》卷三三七《范镇传》：镇于乐尤注意，自谓得古法，独主房庶以律生尺之说。司马光谓不然，往复论难，凡数万言。初，仁宗命李照改定大乐，下王朴乐二律。皇祐中，又诏胡瑗等考正。神宗时诏镇与刘几定之。镇曰："定乐当先定律。"神宗曰："然，虽有师旷之聪，不以六律不能正五音。"镇作律尺、龠合、升斗、豆区、釜斛，欲图上之，又乞访求真黍，以定黄钟。而刘几既用李照乐，加用四清声而奏乐成。诏罢局，赐赉有加。镇曰："此刘几乐也，臣何与焉。"至是，乃请太府铜为之，逾年而成，比李照乐下一律有奇。帝及太皇太后御延和殿，召执政同阅视，赐诏嘉奖。下之太常，诏三省、侍从、台阁之臣，皆往观焉。镇时已属疾，乐奏三日而薨，年八十一。赠金紫光禄大夫，谥曰忠文。

〖皇祐中，再定雅乐〗皇祐中，再定雅乐。胡瑗铸十二钟，大小轻重如一，其状类铎，为大环，铸盘龙、蹲熊、辟邪其上，谓之旋虫，而平系之，故其声郁而不发。又陕西铸大钱，民以为患。是冬，日食心宿，刘羲叟谓予曰："上将感心腹之疾，是与周景王同占也。"予初不信然之，寻使契丹，还至雄州，闻上得心腹之疾矣。归问其故，羲叟曰："景王铸大钱，又铸无射，而为大林，所谓'害金再兴'者也。是时，日亦食于心，而景王得是疾，故曰与景王同占。"噫！羲叟而不言，则左丘明所载伶州鸠之语为诬矣。是羲叟不独为知术数，其发扬丘明功亦为不细。羲叟字仲更，泽州人，以修《唐书》授崇文院检讨，未及谢，疮发背而卒。（《东斋记事》卷二）

〖王朴编钟不圆〗李照讥王朴编钟不圆。后得周编钟，正与朴同。议者始知照之妄。（《嘉祐杂志》）

〖王朴编钟〗太常所用王朴乐，编钟皆不圆而侧垂。自李照、胡瑗之徒，皆以为非及。照作新乐，将铸编钟，给铜铸泻务，得古编钟一枚，工人不敢销毁，遂藏于太常。钟不知何代所作，其铭曰："粤朕皇祖宝和钟，粤斯万年，子子孙孙永宝用。"叩其声，与王朴夷则清声合，而其形不圆侧垂，正与朴钟同，然后知朴博古好学,不为无据也。其后胡瑗改铸编钟,遂圆其形而侧垂,叩之掩郁而不扬,其镈钟又长甬而震掉,其声不和。著作佐郎刘羲叟窃谓人曰:"此与周景王无射钟无异,必有眩惑之疾。"未几,仁宗得疾,人以羲叟之言验矣。其乐亦寻废。(《归田录》卷一)

〖**古乐钟皆扁**〗古乐钟皆扁如盒瓦,盖钟圆则声长,扁则声短。声短则节,声长则曲。节短处声皆相乱,不成音律。后人不知此意,悉为圆钟,急叩之多晃晃尔,清浊不复可辨。(《梦溪笔谈》补笔谈卷一)

〖**绍兴十六年礼器局新造祭器、雅乐**〗今之太常所用祭器、雅乐,悉绍兴十六年礼器局新造。祭器用《博古图》,乐器用大晟府制度。大晟乐用徽宗君指三节为三寸,崇宁四年所铸景钟是也。绍兴之制,则用皇祐二年制造大乐中黍尺,景钟高九尺,垂则为钟,仰则为鼎;鼎之大,中容九斛,中声所极,退藏则八斛有一焉。时铸匠郑真以谓高九尺,约度金分厚薄,取应声律,退藏可容二十斛,数即不应八斛有一;缘九尺之高,则金分太薄,难以取应声律。故止令高九尺,厚薄样则随宜钧造。(《云麓漫钞》卷三)

景钟(略)(《演繁露》卷六)

〖**钟镈**〗今太常钟镈,皆于甬本为纽,谓之"旋虫",侧垂之。皇祐中,杭州西湖侧发地得一古钟。匾而短,其枚长几半寸,大略制度如《凫氏》所载,唯甬乃中空,甬半以上差小,所谓"衡"者。予细考其制,亦似有义。甬所以中空者,疑钟㻆自其中垂下,当衡甬之间,以横括挂之,横括疑所谓"旋虫"也。今考其名,竹筒之"筒",文从竹从甬,则甬仅乎空,甬半以上微小者,所以碍横括,以其横括所在也,则有衡之义也。其横括之形,似虫而可旋,疑所谓"旋虫"。以今之钟镈校之,此衡甬中空,则犹小于甬者,乃欲碍横括,似有所因。彼衡甬俱实,则衡小于甬,似无所因,又以其括之横于其中也,则宜有衡义,实甬直上植之,而谓之衡者何义?又横括以其可旋而有虫形,或可谓之"旋虫",今钟则实其纽不动,何缘得"旋"名?若以侧垂之,其钟可以掉荡旋转,则钟常不定,击者安能常当其

处？此皆可疑，未知孰是。其钟今尚在钱塘，予群从家藏之。(《梦溪笔谈》卷第五)

〖鼓〗《周礼》："雷鼓鼓神祀，灵鼓鼓社祭，路鼓鼓鬼享。"康成云："雷鼓，八面鼓也。灵鼓，六面鼓也。路鼓，四面鼓也。"鼓之数不见于《经》，然神有尊卑，则其数有多寡隆杀，理或然也。必汉时尚然，所以康成云也。几面鼓，犹言几两车、几区宅、几厘田也。而唐开元中，蜀人有绘图以献者，一鼓而为八面、六面、四面，既不可考击，乃于县内别置散鼓，国朝仍之，郊社宗庙设而不用。景祐中，冯章靖公言雷鼓、灵鼓、路鼓并当考击，而散鼓请准乾德四年诏废不用，然不言鼓之制非是，甚可怪也。(《东斋记事》卷二)

〖鼓〗《周礼》："鼓人以雷鼓鼓神祀，灵鼓鼓社祭，路鼓鼓鬼享，鼖鼓鼓军事，鼛鼓鼓役事，晋鼓鼓金奏。"郑氏注云："雷鼓，八面鼓也；灵鼓，六面鼓也；路鼓，四面鼓也；鼖鼓，两面鼓也。鼛、晋鼓不言几面，则一面无疑矣。故乐府用其说，乃作一鼓而八出或六出、四出，不惟不能考击。所谓两面者，但以两头有革者便为两面，则鼛、晋与鼖鼓无别矣。"陈祥道《礼书释》云："八面、六面、四面，由言八枚、六枚、四枚。"按《周礼·辈人》：为皋陶，"鼓长八尺，鼓四尺，中围加三之一，谓之鼖鼓。为皋鼓，长寻有四尺，鼓四尺，倨句磬折"。郑司农云："鼓四尺谓面四尺。"司农去周不远，其言当有所据。(《云麓漫钞》卷七)

【大庆殿玉磬】大庆殿玉磬十六，新造也。其下跗以凤。初以狮子不出于三代，故易之。(《西溪丛语》卷下)

〖《三礼图》〗《三礼图》，出于聂崇义，如爵作雀背承一器；牺象尊，作一器，绘牛象。而不知爵三足，有雀之仿佛，而实不类雀；牺象皆作牛象形，空其背腹以实酒，今郊庙尽用此制。而国子监所画，与方州所用，则从崇义说，不应中外自为差殊。(《云麓漫钞》卷四)

【牺尊象尊】《周礼·司尊彝》："祼用鸡彝、鸟彝，其朝献用两献尊，其再献用两象尊。"汉儒注曰:"鸡彝、鸟彝,谓刻而画之为鸡、凤凰之形。献读为牺,牺尊饰以翡翠,象尊以象凤凰,或曰以象骨饰尊。"又云:"献音娑,有婆娑之义。"惟王肃云:"牺、象二尊,并全牛、象之形,而凿背为尊。"陆德明释《周礼》献尊之献,音素何反。而于左氏《传》"牺象不出门",释牺为许宜反,又素何反。予按今世所存故物,《宣和博古图》所写,牺尊纯为牛形,象尊纯为象形,而尊在背,正合王肃之说。然则牺字只当读如本音,郑司农诸人所云,殊与古制不类。则知目所未睹而臆为之说者,何止此哉!又今所用爵,除太常礼器之外,郡县至以木刻一雀,别置杯于背以承酒,不复有两柱、三足、只耳、侈口之状,向在福州见之,尤为可笑也。(《容斋随笔》三笔卷十三)(重见于《铜篇器类》章)

十　杂篇

〖**洛阳诸佛宫书迹**〗洛阳诸佛宫,书迹至多。本朝兴国中,三川大寺刹,率多颓圮,翰墨所存无几,今有数壁存焉。士大夫家,亦有爱其书帖者,皆藏去,以为清玩。世以凝式行书,颇类颜鲁公,故谓之颜、杨云。(《游宦纪闻》卷十)

〖**法帖之祖**〗江南后主,尝诏徐铉,以所藏古今法帖入于石,名升元帖。此则在淳化之前,当为法帖之祖也。(《志雅堂杂钞》卷上)

〖**阁帖**〗太宗留意字书。淳化中,尝出内府及士大夫家所藏汉、晋以下古帖,集为十卷,刻石于秘阁,世传为"阁帖"是也。……(《石林燕语》卷三)

(《考异》:淳化官帖,黄鲁直、秦少游所记,皆云"刻板",此乃云"刻石",非也。……)

【**阁下法帖**】阁下法帖十卷,淳化中朝廷所集。其中多吊丧问疾,人多疑之。比见《刊误》,乃唐国子祭酒李涪所撰:"短启出于晋宋兵革之间。时国禁书疏。非吊丧问疾,不得辄行尺牍。故羲之书,首云死罪。是违制令故也。且启事论兵,皆短而缄之,贵易于藏隐。"(《侯鲭录》卷一)

【**晋帖**】《阁下法帖》十卷,淳化中所集。其中多吊丧问疾。国子祭酒李涪所撰《刊误》云:"短启出于晋宋兵革之际。时国禁书疏。非吊丧问疾,不得辄行尺牍。故羲之书首云'死罪',是违令也。"仆观书牍首云死罪,自汉魏以来,已多如此,不但晋義之也。恐非冒禁之故。孔融、繁钦、陈琳诸人书笺,皆先言死罪,然后云云。晋宋以来,如阮嗣宗、谢玄晖、任彦升之徒亦然。仆又观《墨客挥犀》,谓法帖中多吊丧问疾者,盖唐帝好晋人墨迹。舍吊丧问疾之书,悉入内府,后归昭陵,无有存者。惟吊丧问疾者,以不祥故,多在人间。二说不同。(《野客丛书》卷十)

〖姜尧章论帖〗吾乡姜尧章,学书于单路分。姜帖今亦少有,世南尝藏姜一帖,正与单论刘次庄辈十数家释帖非是。又云:"悟帖中,只张芝《秋凉帖》、钟繇《宣示帖》、皇象《文武帖》,王廙小字二表,皆在右军之上。"其说尤新。有《绛帖评》二十卷,恨未之见也。(《游宦纪闻》卷七)

〖怀素草书《千文》一卷〗番阳董氏藏怀素草书《千文》一卷,盖江南李主之物也。建炎己酉,董公迨从驾在维扬,适敌人至。迨尽弃所有金帛,惟袖《千文》南渡。其子弅尤极珍藏。一日,朱丞相奏事毕,上顾问曰:"闻怀素《千文》真迹在董弅处,卿可令进来。"丞相谕旨,弅遂以进。(《独醒杂志》卷六)

〖米元章嗜古书画〗米元章有嗜古书画之癖,每见他人所藏,临写逼真。尝与蔡攸在舟中共观王衍字,元章即卷轴入怀,起欲赴水。攸惊问何为,元章曰:"生平所蓄,未尝有此,故宁死耳。"攸不得已,遂以赠之。(《独醒杂志》卷二)

〖吴兴章〗吴兴章有,以小篆名世。其用笔简古,得石鼓遗法,出文勋章友直之右。所作《复古编》,以正篆隶之失,识者嘉之。尝为余言:"心字于篆文只是一倒火字耳,盖心火也,不欲炎上,非从包也。"毕少董文简之孙,妙于鼎篆,而亦多见周秦以前盘盂之铭,其论水字云:"中间一竖更不须曲,只是画一坎卦耳,盖坎为水,见于鼎铭多如此者。"并记之。(《春渚纪闻》卷五)

【熟纸匠装潢匠】唐秘书省有熟纸匠十人,装潢匠六人。潢。《集韵》:"音胡旷切。"《释名》："染纸也。"《齐民要术》有装潢纸法,云："浸蘗汁入潢,凡潢纸灭白便是,染则年久色暗,盖染黄也。"后有雌黄治书法云："潢讫治者佳,先治,入潢则动。"《要术》,后魏贾思勰撰。则古用黄纸写书久矣。写讫入潢,辟蠹也。今惟释藏经如此,先写后潢。《要术》又云："凡打纸欲生,生则坚厚。"则打纸工盖熟纸匠也。予有旧佛经一卷,乃唐永泰元年奉诏于大明宫译,后有鱼朝恩衔,又有经生并装潢人姓名。(《西溪丛语》卷下)

〖古人多以绢为纸〗坡翁尝醉中为河阳郑倅书,明日视之,纸乃绢也,遂自题于后云："古者本谓绢纸,近世失之云。"盖古人多以绢为纸,乌丝栏乃织成为卷而书之。所谓茧纸者,亦以茧为纸也。按《蔡伦传》云："用缣帛者,谓之纸。缣贵简重,不便于人,乃用木肤麻皮等。"(《齐东野语》卷十)

〖绢书〗隋《修文殿御览》,载晋人藏书数,有白绢草书、白绢行书、白缎绢楷书之目。又魏太和间,博士张揖上《古今字帖》,其巾部辨纸字云："今世其字从巾。盖古之素帛,依旧长短,随事截绢,枚数重叠,即名蟠纸,故字从糸,此形声也。蔡伦以布捣剉作纸,故字从巾,是其声虽同,而糸、巾则殊也。"卢仝《茶歌》有"白绢斜封三道印"之句,岂以绢书之邪?(《齐东野语》卷十)

〖简策缣帛〗上古结绳而治,二帝以来,始有简策,以竹为之,而书以漆,或用版以铅画之,故有刀笔铅椠之说。秦汉末,用缣帛,如胜、广书帛内鱼腹,高祖书帛射城上。至中世渐用纸,《赵后传》所谓"赫蹏"者,注云"薄小纸",然其实亦缣帛。《蔡伦传》云："用缣帛者谓之纸。缣贵,简重,不便于人,伦乃用木肤麻皮等。"则古之纸,即缣帛,字盖从糸云。故今人呼书曰册子,取简册之义,又曰第几卷,言用缣素也。江南竹简,处州作椠版,尚仿佛古制。卢仝诗云："首云谏议送书至,白绢斜封三道印。"岂唐人又曾用绢封书耶?(《云麓漫钞》卷七)

〖古今器不同质〗古者兵刃不以铁而以铜,甲以革,矢以砮或骨,农器却用铁。而耕不以牛。……自汉以后兵非铁不利,耕非牛不力,人物之性与古

异矣。……(《颍川语小》卷下)

〖古铁刀〗刘原甫博物多闻,前世实无及者。在长安,有得古铁刀以献。制作极巧,下为大环,以缠龙为之,而其首类鸟,人莫有识者。原甫曰:"此赫连勃勃所铸龙雀刀,所谓大夏龙雀者也。鸟首盖雀云。"问之,乃种世衡筑青涧城掘地所得。正夏故疆也。……(《避暑录话》卷下)

〖京口北固山甘露寺铁镬〗京口北固山甘露寺,旧有二大铁镬,梁天监中铸。东坡游寺诗云"萧翁古铁镬,相对空团团。坡陀受百斛,积雨生微澜"是也。予往来数见之,然未尝稽考本何物,为何用也。近复游于寺,因熟观之。盖有文可读云:"天监十八年,太岁乙亥,十二月丙午朔,十日乙卯。皇帝亲造铁镬于解脱仏古佛字殿前。满漫灭一字甘泉,种以荷藕。供养十方一切诸仏。以仏神力,遍至十方尽虚空界,穷未来际。令地狱苦镬变为七珍宝池。地狱沸汤,化为八功德水。一切四生,解脱众苦。如莲花在泥,清净无染。同得安乐,到涅槃城。斯镬之用,本在烹鲜,八珍兴染,五味生缠。我皇净照,慈被无边。法喜禅悦,何取又漫一字檀。爰造斯器,回成胜缘。如含碧水,又漫一字发红莲。道场供养,永永无边。"其后又云:"帅吴虎子近禁道真概怀于佐陈僧圆丞。宋又漫一字令宣令郑休之。"义不可晓。疑当时干造之人耳。又一行云:"五十石镬。"然形制,不能容今之五十石。盖古之斗斛小也。始知二镬乃当时植莲供养佛之器耳。(《墨庄漫录》卷七)

参考文献书目

《入蜀记》　　　陆　游　　《笔记小说大观》,第九册,江苏广陵古籍刻印社

《王氏谈录》　　王钦臣

《云谷杂记》　　张　淏

《云烟过眼录》　周　密

《云麓漫钞》　　赵彦卫　　傅根清点校,《唐宋史料笔记丛刊》,中华书局
　　　　　　　　　　　　　　1996年第一版

《五总志》　　　吴　炯　　《笔记小说大观》,第七册,江苏广陵古籍刻印社

《仇池笔记》　　苏　轼

《月河所闻集》　莫君陈

《示儿编》　　　孙　奕

《石林燕语》　　叶梦得　　《唐宋史料笔记丛刊》,中华书局1984年第一版

《东观余论》　　黄伯思

《东坡志林》　　苏　轼　　《笔记小说大观》,第七册,江苏广陵古籍刻印社

《东斋记事》　　范　镇　　汝沛点校,《唐宋史料笔记丛刊》,中华书局1980
　　　　　　　　　　　　　　年第一版

《旧闻证误》　　李心传　　崔文印点校,《唐宋史料笔记丛刊》,中华书局
　　　　　　　　　　　　　　1981年第一版

《归田录》　　　欧阳修　　《笔记小说大观》,第八册,江苏广陵古籍刻印社

《老学庵笔记》　陆　游

《西溪丛语》　　姚　宽　　孔凡礼点校,《唐宋史料笔记丛刊》,中华书局

1993 年第一版

《麈史》	王得臣	俞宗宪点校,《宋元笔记丛书》,上海古籍出版社 1986 年第一版
《曲洧旧闻》	朱弁	《笔记小说大观》,第八册,江苏广陵古籍刻印社
《负暄野录》	陈槱	
《齐东野语》	周密	
《志雅堂杂钞》	周密	《笔记小说大观》,第九册,江苏广陵古籍刻印社
《芦浦笔记》	刘昌诗	
《杨公笔录》	杨彦龄	
《困学纪闻》	王应麟	
《宋景文笔记》	宋祁	
《识遗》	罗璧	
《邵氏闻见后录》	邵博	
《鸡肋编》	庄绰	萧鲁阳点校,《唐宋史料笔记丛刊》,中华书局
《纬略》	高似孙	
《青箱杂记》	吴处厚	李裕民点校,《唐宋史料笔记丛刊》,中华书局 1985 年第一版
《岩下放言》	叶梦得	
《岭外代答》	周去非	《笔记小说大观》,第七册,江苏广陵古籍刻印社
《瓮牖闲评》	袁文	
《泊宅编》	方勺	
《学林》	王观国	
《学斋占毕》	史绳祖	
《春明退朝录》	宋敏求	诚刚点校,《唐宋史料笔记丛刊》,中华书局 1980 年第一版
《挥麈录》	王明清	
《侯鲭录》	赵令畤	《笔记小说大观》,第八册,江苏广陵古籍刻印社
《独醒杂志》	曾敏行	朱杰人标校,《宋元笔记丛书》,上海古籍出版社 1986 年第一版

《洞天清录》　　　赵希鹄

《癸辛杂识》　　　周　密　　　吴企明点校，《唐宋史料笔记丛刊》，中华书局
　　　　　　　　　　　　　　　　1988 年第一版

《珩璜新论》　　　孔平仲

《爱日斋丛钞》　　叶　□

《家世旧闻》　　　陆　游　　　孔凡礼点校，《唐宋史料笔记丛刊》，中华书局
　　　　　　　　　　　　　　　　1993 年第一版

《宾退录》　　　　赵与时　　　齐治平校点，《宋元笔记丛书》，上海古籍出版社
　　　　　　　　　　　　　　　　1983 年第一版

《容斋随笔》　　　洪　迈　　　上海古籍出版社，1978 年第一版

《能改斋漫录》　　吴　曾　　　上海古籍出版社，1979 年版

《梦粱录》　　　　吴自牧　　　《笔记小说大观》，第七册，江苏广陵古籍刻印社

《梦溪笔谈》　　　沈　括

《野客丛书》　　　王　楙　　　王文锦点校，《学术笔记丛刊》，中华书局 1987 年
　　　　　　　　　　　　　　　　第一版

《猗觉寮杂记》　　朱　翌　　　《笔记小说大观》，第六册，江苏广陵古籍刻印社

《清波杂志》　　　周　辉　　　刘永翔校注，《唐宋史料笔记丛刊》，中华书局
　　　　　　　　　　　　　　　　1994 年第一版

《渑水燕谈录》　　王辟之　　　《笔记小说大观》，第六册，江苏广陵古籍刻印社

《桯史》　　　　　岳　珂

《梁溪漫志》　　　费　衮　　　傅毓钤标点，山西人民出版社，1986 年第一版

《密斋笔记》　　　谢采伯

《续墨客挥犀》　　彭　乘

《朝野类要》　　　赵　升　　　《笔记小说大观》，第七册，江苏广陵古籍刻印社

《颍川语小》　　　陈叔方

《道山清话》　　　王　暐

《游宦纪闻》　　　张世南　　　张茂鹏点校，《唐宋史料笔记丛刊》，中华书局
　　　　　　　　　　　　　　　　1981 年第一版

《靖康缃素杂记》　黄朝英　　　吴企明点校，《宋元笔记丛书》，上海古籍出版社

1986 年第一版

《嘉祐杂志》	江休复	
《睽车志》	郭 彖	《笔记小说大观》,第七册,江苏广陵古籍刻印社
《演繁露》	程大昌	
《玉壶清话》	文 莹	
《墨庄漫录》	张邦基	《笔记小说大观》,第七册,江苏广陵古籍刻印社
《墨客挥犀》	彭 乘	《笔记小说大观》,第七册,江苏广陵古籍刻印社
《鹤林玉露》	罗大经	《唐宋史料笔记丛刊》,中华书局1983年第一版
《嬾真子》	马永卿	《笔记小说大观》,第六册,江苏广陵古籍刻印社
《避暑录话》	叶梦得	
《耆旧续闻》	陈 鹄	
《续博物志》	李 石	
《后山谈丛》	陈师道	
《铁围山丛谈》	蔡 绦	《唐宋史料笔记丛刊》,中华书局1983年第一版
《春渚纪闻》	何 薳	《唐宋史料笔记丛刊》,中华书局1983年第一版
《枫窗小牍》	袁 □	
《随隐漫录》	陈世崇	

 * 版本无记录者均收自文渊阁四库全书

图书在版编目(CIP)数据

宋代古器物学笔记材料辑录/林欢著.—上海：
上海人民出版社,2013
ISBN 978－7－208－11211－7

Ⅰ.①宋…　Ⅱ.①林…　Ⅲ.①古器物-研究-中国-
宋代　Ⅳ.①K871.444

中国版本图书馆 CIP 数据核字(2013)第 009754 号

责任编辑　周　珍
封扉设计　储　平
技术编辑　伍贻晴

宋代古器物学笔记材料辑录
林　欢　著

出　　版　上海人民出版社
　　　　　（200001　上海福建中路 193 号）
发　　行　上海人民出版社发行中心
印　　刷　上海商务联西印刷有限公司
开　　本　720×1000　1/16
印　　张　12.5
插　　页　2
字　　数　181,000
版　　次　2013 年 3 月第 1 版
印　　次　2019 年 3 月第 3 次印刷
ISBN 978－7－208－11211－7/K・1962
定　　价　38.00 元